星汉灿烂曾几时

——民国文人写真

郝永勃 著

中国青年出版社

（京）新登字083号

图书在版编目（CIP）数据

星汉灿烂曾几时：民国文人写真/郝永勃著. —北京：中国青年出版社，2012.12

ISBN 978-7-5153-1268-2

Ⅰ.①星…　Ⅱ.①郝…　Ⅲ.①文人–生平事迹–中国–民国

Ⅳ.①K825.4

中国版本图书馆CIP数据核字（2012）第274506号

责任编辑：董晓磊

*

中国青年出版社 出版 发行

社址：北京东四十二条21号　邮政编码：100708

网址：www.cyp.com.cn

编辑部电话:(010)57350401　门市部电话:(010)57350370

三河市君旺印装厂印刷　新华书店经销

*

700×1000　1/16　19印张　插页　180千字

2012年12月北京第1版　2012年12月河北第1次印刷

定价：37.00 元

本图书如有印装质量问题,请凭购书发票与质检部联系调换

联系电话：(010)57350337

1 2
　3
　4

——

1. 郭沫若

2. 朱自清

3. 徐志摩

4. 丰子恺

1 2
    3
    4

1. 胡风与夫人梅志

2. 冯至

3. 闻一多

4. 老舍

1 2
3
4 5

————

1. 张大千

2. 穆旦

3. 王道乾

4. 蔡元培

5. 齐白石

1 2
3

1. 李叔同

2. 李大钊

3. 蔡元培

目 录

蔡元培

人 格 的 魅 力

1

他的人格，他的声望，他的功绩，超越了时代，超越了阶级，超越了民族的界限，而成为人类共同的精神财富。

翻开清末到民国的历史，他就是一部教科书。

肃然起敬。谁的名字与他写在一起，那便是谁的一种光荣与梦想了。

前人说他好，后人也说他好；一个党派对他歌功颂德，另一个党派也对他歌功颂德。

他近乎于完人了。翁同龢说他，"年少通经，文极古藻，隽才也"。杜威评论他，"拿世界各国的大学比较，牛津、剑桥、巴黎、柏林、哈佛、哥伦比亚等等，这些校长中，在某些学科上有卓越贡献的，不乏其人。但是，以一个校长身份，而能领导那所大学，对一个民族，一个时代起到转折作用的，除蔡元培而外，恐怕找不出第二个"。

他的夫人说他，"饭硬他亦吃，饭烂他亦吃，饭焦他亦吃"。

慧眼识人。地位高的，地位低的；学历高的，学历低的。唯才是举，不拘一格。如果这个世界上真有伯乐的话，那么他就是伯乐了。

知遇之恩，多少青年才俊，之所以脱颖而出，都与他有关。

爱心，爱人，爱才。机会与平台，在绍兴，他的先人就因乐善好施，而被誉为"蔡善人"。到了他这一代，被发扬光大了。

毛泽东说他是"学界泰斗，人世楷模"。

2

迄今为止，读他的书并不多，对他的好感，对他的敬重，主要来自其他人的描写与论述。

辛亥革命时期有句流行语："广东人革命，湖南人打仗，福建人出钱，浙江人当官。"

1868年1月11日（清同治六年十二月十七日），他出生在浙江绍兴，17岁考上秀才，23岁考上举人，25岁考上进士，仕途的三篇文章写得极好。他投身科举，清末被点翰林。

反清革命，他是先行者，最早接受西方先进思想的人。

1904年，光复会的会长；1905年，同盟会上海分会主盟人；1911年，辛亥革命胜利后，民国临时政府首任教育总长；1916年12月16日，被任命为北大校长，1917年初到任。"兼容并包，思想自由。"起起伏伏，历经磨难，一次又一次辞职，一次又一次出走。断断续续，一直坚持到了1927年。那时的北大，"群贤毕至，少长咸集"，"百花齐放，百家争鸣"。

一位德高望重的人，树立起一面北大的旗帜。古今中外，科学与民主,反帝反封建,"自由平等博爱",爱国爱有真才实学的人。

招贤纳士,礼贤下士。

如果说那时的北大有一种"水泊梁山"的味道,那么他可谓是集宋江与卢俊义于一身了。

英雄有用武之地,文人成一家之言。

3

冥冥之中,一个人命运的转机,除了自身品格之外,总和什么人联系在一起。

鲁迅与他是老乡,他比鲁迅年长了13岁,在关键的时候,他起到了关键的作用,而且,周氏三兄弟都是直接或间接的受益者。

1912年2月,31岁的鲁迅决绝地辞去绍兴的职务,赴南京,应蔡元培之邀任教育部部员。5月,临时政府移往北京,鲁迅住宣武门绍兴会馆。

"以美育代宗教。"

蔡元培的倡导,鲁迅是他的知音。他是一个念旧的人,他欣赏鲁迅。他知道鲁迅懂美术,便安排鲁迅做了社会教育司第一科科长,分管图书馆、博物馆、美术工作。

"士为知己者用。"他信任鲁迅,他任北大校长后,便约请鲁迅设计北大校徽。北大从1917年到1949年一直使用鲁迅设计的校徽,建国后这枚校徽曾被搁置,到上世纪80年代,又被拿来继续使用。

鲁迅去世不久，他便写了怀念文章《记鲁迅先生轶事》，刊发在1936 年 11 月 16 日的《宇宙风》上。他从几件小事，写出了鲁迅人格的魅力。学习外语的入门，"最要紧的是有一部好字典"。"留德习法政，并不喜欢文学"的齐寿山，因章士钊免鲁迅职，"齐君就声明辞职，与先生同退"。可见鲁迅人格的影响力。

鲁迅与他的来往是相当密切的。他们是同类人。在鲁迅的书信、日记中，多有记录。鲁迅对他的为人处世是很敬重的。

4

顾颉刚是胡适的弟子，胡适是被蔡元培聘为教授的。他们同是北大中人。

顾颉刚在 1917 年的日记中，曾记下对蔡元培的一种印象："先生为人，诚实恳挚，无丝毫虚伪……其言讷讷也，如不能出诸口；然至讨论学理之时，则又滔滔不绝。"

鲁迅与顾颉刚有分歧，他们不是一路人。何满子与顾颉刚有交往，"讲话讷讷不出口的样子"是指顾颉刚，"是啊是啊，我得罪过鲁迅先生，是我不好"，但在对待蔡元培的态度上，钦佩是一致的。

顾颉刚是学者，写过《蔡元培先生与五四运动》，看出蔡元培"有容乃大"的人格魅力。

那时的北大，包容了激进的李大钊、陈独秀；西化的章士钊、胡适；复辟、倒退的人物辜鸿铭、刘师培……顾颉刚还列举了鲁迅、钱玄同、吴梅、刘半农,以及办《新潮》的傅斯年、罗家伦等人。

顾颉刚写道:"梁漱溟比我小半岁,投考北大未被录取,他在《东方杂志》发表了一篇讲佛教哲学的文章,蔡先生看了认为是'一家之言',就破格请梁漱溟来北大任教,讲印度哲学。"

一篇文章就改变了一个人的命运,也不能不说是一种奇迹了。

蔡元培有着超前的思想。"开放女禁",女生和男生平等应考,与西方接轨。

那时的北大,人才济济。毛泽东在接受斯诺采访时,回忆在北大当助理图书管理员的生活,每月 8 块钱的工资。一个又一个响亮的名字,被蔡元培倡导改革了的北大,真正成为精英成长的摇篮。

5

《吾曹不出如苍生何——梁漱溟晚年口述》。读这一部书,可以通过梁漱溟了解那个时代,那些人。

梁漱溟与毛泽东是同龄人,1893 年出生, 却比毛泽东多活了 12 年,1988 年去世。

梁漱溟 1917 年被蔡元培聘为北大哲学系教授,仅有 24 岁。1924 年,毛泽东也在北大。但身份却是不一样的。他之所以能获得聘书,也与他的资历有关。三十年代,他曾在山东邹平从事乡村建设,他是一个能身体力行的人。

他回忆 1917 年去见蔡元培的过程:"我和蔡先生说,你让我担任这门功课,我不行,我不胜任。他说你不胜任,那谁胜任呢?我说我也说不上来。他说你不要来到大学就是当老师、教人,不要这么看。他说我本人就是喜好哲学的,我来到北大要把哲学系干好,我要把一帮爱好哲学的朋友拉到一块儿,彼此讲习,你要是愿意参加这个讲习就不可不来。他这么一说我就不推辞了,他就给我下了聘书。"

自学成才,一锤定音。

一个人的阅历,决定一个人的品位。蔡元培是文化上的集大成者,传统的国学不用说了,又有留德、留法的经历,见多识广,融会贯通。

梁漱溟在《纪念蔡元培先生》中写道:"蔡先生除了意识到办大学需要如此之外,更重要的乃在他天性上具有多方面的爱好,极广博的兴趣,意识到此一需要,而后兼容并包,不免是人为的(伪的);天性上喜欢如此,方是自然的(真的)。有意的兼容并包是可学的,出于性情自然是不可学的。"

冯友兰对蔡元培教育观念的理解:"一个是春风化雨,一个是兼容并包。"

6

看名人传记,留心细节。凡是优秀的人,几乎无一例外对自己的父母都是孝顺的。

蔡元培的父亲是钱庄的经理,"为人厚道,以长厚称"。在他 11 岁的时候,父亲不幸病逝了。

他母亲姓周,他说自己"所受母教比父教为多"。据《蔡元培先生年谱长编》记载,在他年轻的时候,为了治母亲的重病,他曾割下自己手臂上的一片肉,放入中草药中一起煎熬,那个年代的迷信,孝子的一片心意……

认识越深,越感到他这个人太有魅力了。

《红楼梦》的研究,开山之作,三足鼎立。

他的《〈石头记〉索隐》,王国维的《〈红楼梦〉评论》,胡适的《〈红楼梦〉考证》。

做学问能做出趣味,读小说能唤起联想。

他重在政治与情调,王国维重在美学与哲学,胡适重在历史与材料。各有所重,各有所长,各取所需。人的立场决定他的观点,你是谁,你就有可能写出什么样的文章,做出什么样的事。

他比王国维大9岁,比胡适大23岁,他活到72岁,王国维活到50岁,胡适活到71岁。一个人有一个人的造化,谁也替代不了谁。

7

"江浙人相信风水,富翁往往豫先寻葬地。"这是鲁迅先生的原话,见《"题未定"草·五》。

所谓风水,也就是合乎自然规律。风调雨顺,天人合一。

绍兴这个地方,是有文化的地方。古代多出进士,当代多出院士。

毛泽东曾为绍兴题诗:

鉴湖越台名士乡,忧忡为国痛断肠。

剑南歌接秋风吟,一例氤氲入诗囊。

在绍兴,他的故居与鲁迅故居相比,一个在正北,一个在正南。从实地距离看,他的故居离周恩来的祖居,也就是现在的周恩来纪念馆是最近的了。

周恩来曾为他撰写对联:

从排满到抗日战争,先生之志在民族革命;

从五四到人权同盟,先生之行在民主自由。

秋瑾

寂寞故居

1

好像去过，又好像没有去过。

烈日炎炎，深宅大院。

一个人的下午，我在绍兴，在鲁迅故里的近处转来转去，终于转到这里来了。

一条东西走向的路，通向她的家，也通往青藤书屋。

在迷失方向的时候，鲁迅故里就是坐标，相对而言，一个在西南面，一个在西北面，也可谓是邻里关系了。

只有一个寂寞的下午，只能有一个去处。

红颜封侯，男浊女清。

这是她的家，这是她曾经居住过的地方。

鉴湖女侠，巾帼英雄。

那是什么样的时代，什么样的背景？

天资颖慧，过目成诵。

在退了色的梨木书桌上，有一枚象牙印章，刻有八个字："秋氏闺瑾，鉴湖雌侠。"

一个刚烈的女人，"身不得，男儿烈；心却比，男儿烈"。她同时又是有才情的诗人，"多情不若堤边柳，犹是依依远送人！"出自他笔下的《去常德舟中感赋》。

她的故居，是需要买门票的。而鲁迅故居的门票，已经不需要买了。

2

"每个原理都有其出现的世纪。"这是马克思在《哲学的贫困》中说过的话。

大时代，常常出现在世纪末，或世纪初。改朝换代，翻天覆地。

在同一个时代，同一座城，英雄不是一个孤立的词。生既同时，交亦至厚。

在"大通学堂"，有一副对联："吾越有三仁焉，杀身成名，求仁得仁又何怨；人生同一死耳，泰山独重，虽死不死乃自由。"

要了解秋瑾，不能不提徐锡麟，也不能不提陶成章。

向死而生，慷慨悲歌。

徐锡麟，生于1873年；安庆之役，因刺杀安徽巡抚恩铭，被清政府斩首，剖腹挖心，炒食下酒。

株连秋瑾。"牺牲尽我责任。""粉身碎骨寻常事，但愿牺牲保国家。"两人一前一后，同逝于1907年的7月。一个仅有34岁，一个只有32岁。

在最后的日子里,她曾书写下七个字:"秋雨秋风愁煞人。"

1907年7月15日,凌晨三时,临近行刑的时刻,她对山阴县令提了最后的要求:"一作书告亲友;二临刑不能脱衣带;三不得枭首示众。"县令答应了后边的两条。

最后的瞬间,她对刽子手说:"容我一望,有无亲友来别我。"然后,看了看轩亭口周围,闭上眼说:"可矣!"

案发,陶成章亡命日本。并编辑了秋瑾遗稿,撰写了《秋瑾传》、《浙案纪略》。

3

了解秋瑾,鲁迅是一面镜子。1907年,秋瑾殉难的那一年,鲁迅、周作人、许寿裳正筹划着出一本文学杂志《新生》,结果流产了。失去赞助的资本,也仅仅是一场梦而已。

悲天悯人。鲁迅与徐锡麟、秋瑾是东京时的熟人,又是同乡。

鲁迅比徐锡麟小8岁,比秋瑾小6岁。鲁迅在17岁那一年,带了8元的川资,离开绍兴,去南京求学。不知道他们在家乡的时候,认识还是不认识。在当地,他们都属于大户人家了。

鲁迅是在21岁时,即1902年赴日本留学的,至1909年回国。秋瑾是在29岁时,也即1904年6月去的日本,1905年底回国。在这期间,秋瑾曾在1905年3月回国探亲。到过上海、绍兴。7月中旬,二次东渡日本。鲁迅曾在1906年7月,奉母命归国与朱安结婚,没过几天,就与周作人返回日本了。

在鲁迅与徐锡麟、秋瑾之间，还有一位老乡、朋友兼同志，那就是蔡元培(1868—1940)。一座绍兴城，既诞生了中国近代革命的先驱，近代教育的创始人，也孕育了近现代文学的巨人——北京大学是新文化运动的摇篮。"思想自由，兼容并包。"蔡元培认定的。当初的校徽是鲁迅设计的。

1919 年 4 月，鲁迅写了小说《药》，丁字街口就是轩亭口。

痛定思痛，既是为了纪念秋瑾，也是为了纪念徐锡麟。

谁是谁的药？

4

热烈过后的宁静，喧哗过后的寂寞。

一个人走在空空荡荡的故居里，想知道什么，又能知道什么呢！

每一件遗物都是展品。

一件黑色的披肩，一把从日本古董店购得的倭刀。

阴柔与阳刚之美，集于一身。

一只女性味十足的手提包，一把黑色的勃郎宁手枪。

温存与强力的结合，爱恨交加。

还有她的心爱之物——一枚玉章，刻有四个字："读书击剑。"

想想一百多年前，一个才貌双全、文武兼备的年轻女子，骑马佩剑，穿过绍兴的街头，那是一种什么感受。

"欧风美雨,澎湃逼人。"

一个穿男装的女人,鸭舌帽,小手杖,茶色皮鞋,领带,旧时代的新潮流。

特立独行,我行我素。从经济的独立到人格的独立。

她注定了是一个风云人物。

办《中国女报》,"以图爽洽人意",以供赏鉴。目的在于"导无量众生,尽登彼岸"。

她创作了《勉女权歌》:"吾辈爱自由,勉励自由一杯酒。男女平权天赋就,岂甘居牛后?愿奋然自拔,一洗从前羞耻垢。若安作同俦,恢复江山劳素手⋯⋯"

5

人,远近亲疏,生离死别,能记住什么?

有价值的东西,不一定有意义;但有意义的东西,一定有价值。

人,多多少少,是会有某种预感的。患难与共,生死相托,就是密友了。

秋瑾与徐自华志同道合。女人与女人之间的情谊,惺惺相惜。

1907年6月22日,夏至,起义之前,徐自华将个人的妆奁饰物典当了,以三十两黄金相助。秋瑾摘下手上的翠钏回赠。

"事之成败未可知,此区区物畀阿姊纪念如何?"

"钏青葱,俗称老玉,极类翡翠,琢双龙抢珠,厥状栩栩欲活。"

"藏之久,亦不甚宝爱。"

秋瑾对徐自华说:"如果不幸牺牲,愿埋骨西泠。"

在故居的展厅里,有文字记载着秋瑾墓地十迁的经历。生不得安宁,死不得安息。

1907年7月15日,始葬绍兴张神殿。8月下旬,迁严家潭。9月迁偏门大校场。

1907年10月,葬杭州西泠桥西。

1908年12月,迁回严家潭。

1909年,迁湖南湘潭。1912年夏,迁至长沙。

1913年秋,迁回杭州西泠桥西。

1964年底,迁杭州松木场。

1966年,迁杭州鸡笼山。

后来,葬于西湖西泠桥东。

她的遗愿达成了,但愿后人不要再迁了。让她入土为安。

6

生逢乱世,"最伤心愁城风雨","何愁他日不雄飞"。

1907年7月6日,徐锡麟被捕就义时,随身带有秋瑾的《金缕曲》。

她是英雄中的诗人,诗人中的英雄,"做的事情值得写,写的东西值得看"。

"佳句不辞千遍读,秋宵真个宜诗。"出自她为《秋灯课诗图》而题的《临江仙》。

《中国女报·发刊辞》,亦出自她的手笔:

夫含生负气,熟不乐生而恶死,趋吉而避凶?而所以陷危险而不顾者,非不顾也,不之知也。苟醒其沉醉,使惊心万状之危险,则人自为计,宁不胜于我为人计耶?

只有怀着理想情愫的人,才能写出有理想主义倾向的文字。壮怀激烈,满腔热血。

和畅堂,是她灵魂栖息的场所。

"树欲宁而风不静,子欲养而亲不待……;爱我国矣志未酬,育我身矣恩未报……"这是1906年12月,她为母亲写的挽联。

寄托哀思,忠孝为何不能两全?

7

她的故居后面,有一座花园,有亭台,有鱼塘,绿树成荫,茂林修竹,有山石,有小桥……

一个人默默地转了几圈,默默地坐了一会儿,听见几声鸟鸣,也分辨不清是喜鹊,还是其它什么鸟的声音。

静悄悄的,不时想起那句话:"你要爱你的寂寞。"一个诗人说的,又由另一个诗人写出来了。寂寞造物,大寂寞孕育大作品,小寂寞孕育小作品。

"惊才绝艳!""惊世骇俗!""惊天动地!"一个被誉为"三惊"的女子,已经远逝。只有记忆中的背影,隐约可见。

康德在《实用人类学·前言》中写道:"在人用来形成他的学问的文化中,一切进步都有一个目标,即把这些得到的知识和技能用于人世间;但在他能够把它们用于其间的那些对象中,最重要的对象是人,因为人是他自己的最终目的。"

寂寞的故居,写作也是一种还愿吧?曾经就是永远,去过就是去过了。

王国维

境 界

1

我在很长时间里一直认为王国维是清朝的诗人,其实,他仅仅比鲁迅大四岁,比郭沫若大十几岁,可以说是同一个时代的人。区别只在于,王国维是旧时代的终结者,鲁迅是新时代的开创者。

清末民初,新旧文化不断冲突,对许多文化人来说,痛苦是显而易见的。或自沉,或蜕变,或跃进——你从哪里来,你是谁,你要到哪里去?不能主动地选择,就要被动地承受;不愿正视的是过程,而不是结果。

时代冷酷无情。个人微不足道。倘若一个人无法适应时代,那么就预示着要被淘汰。王国维从文学到哲学,再到史学,虽然,也有反复,但轨迹却是复古。他想固守的国粹,恰恰是变革时代要抛弃的。他为人始终如一,学问、人品,有口皆碑。但当生命与时代背道而驰的时候,悲剧是必然的。

王国维喜欢怀旧。他过于执著于自己,他治学与时代脱节,但在时光的链条上,却是不可或缺的一个组成部分。立功、立德、立言,有一条便足以传世。

王国维,1877 年 12 月 3 日生于浙江海宁县城内双仁巷,1927 年 6 月 2 日自沉于北京颐和园内昆明湖。

2

《人间词话》是我的文学启蒙书。许多年来,已不知道读过多少遍了。每次阅读,都像是第一次。从那以后,我开始寻觅他的书,就像寻觅朋友。

高度浓缩的语言,魅力无穷。这本书既可以从前往后读,也可以从后往前读,还可以从中间插读,就如一座爱情和艺术的迷宫,从哪里都能够进去,从哪里都能出来。有性情,有境界,有内涵。

我自知不得要领,没有读懂,但我喜爱书的格调。比如"境界说":有境界则自成高格,自有名句;还有以我观物,故物皆着我之色彩的有我之境;以物观物,故不知何者为我,何者为物的无我之境。可谓文学评论中的画龙点睛之笔。

在对中国古典诗词演变的把握上,他概括为:"四言弊而有楚辞,楚辞弊而有五言,五言弊而有七言,古诗弊而有律绝,律绝弊而有词。盖文体通行既久,染指遂多,自成习套。豪杰之士,亦难于其中自出新意,故遁而作他体,以自解脱。一切文体所以始盛终衰者,皆由于此。"以此类推,白话文、自由诗的出现,也是应运而生了。

我把他的《人间词话》视为文学创作与欣赏的"纲领",开发性灵,启迪智慧。

3

王国维与三有缘。在三这个数字上，他做过不少文章。

最典型的莫过于三种境界说："'昨夜西风凋碧树。独上高楼，望尽天涯路。'此第一境也。'衣带渐宽终不悔，为伊消得人憔悴。'此第二境也。'众里寻他千百度，蓦然回首，那人正在灯火阑珊处。'此第三境也。"成大事业，做大学问者，莫不如此。

对境界他情有独钟。他说："言气质，言神韵，不如言境界。有境界，本也。气质、神韵，末也。"

读他的书，眼界大开。他的"三秀说"："温飞卿之词，句秀也。韦端已之词，骨秀也。李重光之词，神秀也。"他的苏、史、姜三家咏物词之比较："咏物之词，自以东坡《水龙吟》为最工，邦卿《双双燕》次之。白石《暗香》《疏影》格调虽高，然无一语道着，视古人'江边一树垂垂发'等句何如耶？"还有哲学综合真、善、美三者而论其原理。

他一针见血地指出词之三弊：淫、鄙、游。"五代北宋之词，其失也淫。辛、刘之词，其失也鄙。姜、张之词，其失也游。"

而有学者将王国维的治学分为三个时期："早期 (1897 年以前，海宁)习举业、旧学；前期(1898—1911，上海、南通、苏州、北京)主要治哲学、诗学；晚期(1912—1927)主要治古史学。"(见佛雏《王国维诗论及其结构的综合考察》)

举一反三，不难读出一种境界。

4

我保存有一本《静庵文集》，收有王国维遗著三种：《庚辛之间读书记》、《静庵文集》、《静庵文集续编》。

诗人的性格，重感情，爱冲动；哲人的思想，多冥思，易沉静。新与旧，灵与肉，生与死。人生起伏波动，失去平衡。他在《续编·自序二》中，有一段话，唤起我长久的共鸣："余疲于哲学有日矣。哲学上之说，大都可爱者不可信，可信者不可爱。余知真理，而余又爱其谬误。……知其可信而不能爱，觉其可爱而不能信，此近二三年中最大之烦恼。"他始终没能从这种烦恼中解脱出来，对于奄奄一息的"大清帝国"，对于人生和学术，对于自己的精神世界……

王国维爱自己的词，为此充满自信。他说："余之于词，虽所作尚不及百阕，然自南宋以后，除一二人外，尚未有能及余者。"

1934年，陈寅恪在《王静安先生遗书序》里以三条概括他的学术成就：

"一曰取地下之实物与纸上之遗文互相释证，凡属于考古学及上古史之作，如《殷卜辞中所见先公先王考》……是也；二曰取异族之故书与吾国之旧籍互相补正，凡属于辽金元史事及边疆地理之作……是也；三曰取外来之观念，与固有之材料互相参证，凡属于文艺批评及小说戏曲之作，如《红楼梦评论》……是也。"

1946年，郭沫若作《鲁迅与王国维》，直言："在近代学人中我最钦佩的是鲁迅与王国维。"

每个人都需要有所参照。在郭沫若的心目中,王国维是新史学的开山,鲁迅是新文艺的开山。他们的全集虽与日月争光可也。他们有许多相近之处,都学过科学,当过教授,都是浙江人,都患有肺结核,属于那种瘦弱的人,喜欢吸香烟。

王国维的《宋元戏曲史》与鲁迅的《中国小说史略》,也是前无古人的开拓性工作。他们都曾经在日本留学,又都爱好德国文艺和哲学,是诗人和哲人的统一。

我隐约地觉得,王国维是半个鲁迅,而鲁迅则是王国维与现代进步思潮的融合。王国维是脆弱的,苦闷的,倾斜的,走入内心,不停地往后看;而鲁迅则是坚韧的,决绝的,平衡的,有自己的支撑点,始终向前看,有远见,有抱负,从幻灭中走过去了。

1927 年,对王国维是灰色的,对鲁迅则是绿色的。王国维从失望到绝望:"五十之年,只欠一死,经此世变,义无再辱。"鲁迅则从失望走向希望:"过去的生命已经死亡。我对于这死亡有大欢喜,我借此知道它曾经存活……我将大笑,我将歌唱。"

5

人,做事也罢,做学问也罢,自然离不开他人的帮助,但终究是要独立的。

有一张老照片,是罗振玉和王国维的合影,罗振玉是神气的、优越的，而王国维是低沉的、忧郁的；罗振玉身上明显有官气、商人气，趾高气扬，眼光向上，而王国维是文人气、书生气，若有所思，眼神向下；罗振玉有势力，王国维有才气；两个人的相识，既是互补，也是一种悲剧。

周传儒在《王静安传略》里说："没有罗振玉就没有王静安，因为罗是王的带头人，王的成就是在罗的基础上建立的。"这话说得太绝对、太片面了。以王国维之才，不在这方面，也会在别的方面出类拔萃的。

陈寅恪断言："先生之学博矣，精矣，几若无涯岸之可望，辙迹之可寻。"

鲁迅认为王国维"才算一个研究国学的人"。

6

死，在王国维也许是惟一的解脱；但对生者却是无尽的悲哀。

死，体现出生命的一种境界，他曾引尼采的话说，一切文学余爱以血书者。

死，像他拖在脑后的辫子一样，给后世遗留下一个谜，而谜底遗失了。

我读他的书，读有关的资料，推想。王国维之死，内因是精神无以寄托，理想破灭，自由丧失；外因是满清灭亡，长子之丧，挚友之绝；再加之身体虚弱，病魔缠身，心烦意乱，最终才走向了颐和园中的那片湖水……

没有人真正了解自己。更何况了解别人呢。

胡适

胡 适 是 谁 ？

起这个题目,源自 2006 年秋天陈丹青在上海图书馆的讲演:

鲁迅是谁?

鲁迅是一面镜子。在对照中,看过去的人和事,能找到些许线索。

误读是一种必然,尽信书不如无书。在疑与不疑之间,我集中读了几部与胡适有关的书。还找出一张录有胡适声音的 CD——虽然已发不出声音。

局外人,旁观者,知道多少写多少,能写多少算多少了。

胡适又何尝不是一面镜子。

2011 年是鲁迅诞辰 130 周年,胡适诞辰 120 周年,辛亥革命 100 周年。也就是说,在改朝换代的 1911 年,鲁迅正值而立之年,胡适才只有 20 岁。

7 年之痒,7 年之痛,7 年之是非。

鲁迅从 1902 年至 1909 年,在日本留学;胡适从 1910 年至 1917 年,在美国留学。

最先觉醒的人,最早从弱国走向强国的人,最快发出自己声音的人。

鲁迅的文字是革命性的,如入无人之境的呐喊;胡适的文字是改良性的,尝试中的摸索与觉悟。

新文化运动的旗手。

胡适首先是哲人,智慧的思想,聪明的大脑,长于思辩;鲁迅首先是诗人,感人的灵魂,犀利的文笔,长于抒情。

血浓于水,鲁迅的文章是用心血写成的;水到渠成,胡适的文章是自然流露出来的。如果将他们比喻成光,那么鲁迅犹如黑夜中的光,胡适如同白昼中的光;如果说都在给予温暖的话,那么胡适的温暖是在晚秋,鲁迅的温暖是在冬天。

鲁迅说:"不在沉默中爆发,就在沉默中死亡。"胡适说:"宁鸣而死,不默而生。"

胡适是安徽绩溪人。1895 年,他的父亲胡传去世,年仅 54 岁。那一年,他母亲才 22 岁,他只有 3 岁零 8 个月。鲁迅是浙江绍兴人。1896年,他的父亲周凤仪去世,年仅 36 岁,那一年,他母亲 39 岁,他 15 岁。

母亲贤惠了,惠及儿女。

胡适母亲的性格是容忍;鲁迅母亲的性格是坚韧。

胡适是少年老成,青年成名,他 26 岁发表《文学改良刍议》,被蔡元培聘为北京大学教授;鲁迅是中年成名,大器晚成。37 岁写《狂人日记》,39 岁才兼任北京大学讲师……

鲁迅在日本留学时,从医学转入文学,只有一张仙台医学专科学校的文凭,相当于大学专科;胡适在美国留学时,从农科转入哲学,哥伦比亚的博士帽,1917年开始戴,10年后才落实了,也就是说,那时还是虚的。

如果将他们比作高明的医生,都在试图改变国人的精神面貌,鲁迅似乎更像是西医,相信科学的力量,手术刀,青霉素,阿斯匹林……痛下猛药。胡适是中西医结合,调和,修养,信念的培植,他曾在1960年6月18日为台湾成功大学的毕业生讲《一个防身药方的三味药》:"第一味药叫作问题丹。第二味药叫兴趣散。第三味药叫作信心汤。"

鲁迅的思维超越了他所处的时代,乱世当中,矫枉必须过正。否则,进步的势力与保守的势力,难以抗衡。胡适的心理特征,与当时的时代是合拍的。鲁迅很大程度上是站在弱者和穷人的一边,胡适更多倾向于强者和富人。一个代表了大多数人的利益,一个代表了少数人的利益。

天才的人物,既有超常的禀赋,又在终生努力。英国哲学家培根将人才定义为三种:蜘蛛型的人才,蚂蚁型的人才,蜜蜂型的人才。在同样的高端,胡适更像是蚂蚁型人才,鲁迅则是蜜蜂型人才,在原创性上,胡适没有能达到鲁迅的深度。

柏林爵士写过一部书,叫《刺猬与狐狸》,引古希腊诗人阿给勒克司的话:"狐狸知晓许多事情,刺猬就知道一件大事。"

在动荡不安的年代,既能自保,又能发展的人,均有过人之处。鲁迅与胡适的身上,狐狸与刺猬的特征显著。胡适的狐狸特征大于鲁迅,鲁迅的刺猬特征大于胡适,胡适是狐假虎威,棉里藏针;鲁迅是针锋相对,神通广大。胡适是外表更像狐狸,内心更像刺猬;鲁迅是外表更像刺猬,内心更像狐狸。

德国汉学家顾彬有"三力说":"语言驾驭力,形象塑造力和个体精神的穿透力。"

在汉语言文学的创作中,这三种力,鲁迅都具备。与鲁迅相比,胡适显得软弱了。鲁迅,小说有《阿Q正传》,散文诗集有《野草》,散文有《朝花夕拾》,还有《中国小说史略》(上下卷)、《汉文学史纲要》……胡适有诗集《尝试集》,有《中国哲学史大纲》(上卷)、《国语文学史》、《白话文学史》(上卷)。在创作上,鲁迅的成就高于胡适。

"胡适是一个好人。"

"我的朋友胡适之。"

民国时期,胡适是一张信用卡,一种品牌,一个符号。

胡适是"百通一通的大才"。

倘若是胡适的朋友,也就背靠大树好乘凉了。

一个人身居高位,在那个年代,想当伯乐,就有可能当伯乐;想提携人,就有能力提携人。

胡适有多重身份:留美博士、名人、名教授、驻美大使、北京大学校长、中央研究院院长。他所处的位置,决定了他交友的层面:达官贵人,名流绅士,谈笑有鸿儒,往来无白丁。

他说:"多研究些问题,少谈些主义。"听众是谁?他主张"大胆的假设,小心的求证",知音是谁?

李宗仁对胡适的评价:"适之先生,爱惜羽毛。"

在为人处世上,胡适并不是一个很有胆魄的人,谨小慎微,前怕狼，后怕虎，内敛、自足，缩手缩脚。为名所累，为义所困。想做的不能做，想爱的不能爱，想恨的也不能恨，他有一句名言："容忍比自由更重要。"

优点和弱点都是魅力。微笑写在脸上，善良铭刻在脸上。生来有一种亲和力。

胡适对自我的认识："哲学是他的职业，历史是他的训练，文学是他的娱乐。"

从这三点，大致可以了解他：明哲保身。以史为鉴，思考的能力。将文学当成娱乐，也就很难深入进去了。

胡适的书好读，但比起鲁迅的书，不够耐读。经典的要义，不仅是好读，还要耐读。

一个人的书，究竟如何，既要看作者生前，还要看作者身后。鲁迅1936年10月19日去世，1938年，他的全集就出版发行了。胡适1962年去世，10多年后，全集还没有出版。从1949年起，以前以后，从大陆到港台，再到海外，鲁迅书籍的影响力远远大于胡适。

"材料不很重要，重要的在方法。"胡适很认可这句话。

胡适是通才，有自己的一套研究方法，干什么像什么。做学问，收放自如。他是一个快乐的人，有着积极的人生态度，想得开，看得透；拿得起，放得下；真正的明白人。

"得意忘象，得鱼忘筌。"

他这一辈子，活出自己的价值来了。在禅学上，他有心得，有体会，有顿悟。

《孟子》中的话：“欲其自得之也。自得之，则居之安；居之安，则资之深；资之深，则取之左右逢其源。”他念念不忘，深以为然。

自己就是一个世界，自己的治学方法，自己解决问题的能力。

他认为自己是一个“无为而治”的人，他佩服傅斯年能干、能办事的领导能力。傅斯年有两句名言：“上穷碧落下黄泉，动手动脚找东西。”上句引自白居易的诗。

傅斯年是前任北大校长，他们是同路人，看重实证，不轻易下判断。

“适之先生样样都好，就是不大懂文学。”

这是胡适同时代人，曾任安徽大学校长的刘文典的原话。

胡适有许多第一。第一个出白话诗集的人，第一个拥有 32 个博士帽子的人……博古通今，学贯中西。他受通俗小说的影响太深，幽默的情结，聪明的大脑，连打油诗、歪诗，只要有点趣味，他也会去欣赏。

诗歌重在性情，挚热，血与火，生与死，感动与被感动，投入与付出，上下而求索。他太理性，太冷静，太超脱……，没有鲁迅那种切肤之痛、悲悯之心、推心置腹的激情，也就没有那种诗意。鲁迅的文字，坚实如钢铁，热情如烈火，是有力度的，可燃烧的。像散文随笔《为了忘却的记念》、《记念刘和珍君》，根本上是诗。

胡适过于练达，过于老道，过于世故，这些个性的因子，也被带到诗中去了。

胡适的行文中，很少看到真实的感情，他在 36 岁的时候，也就是

1927 年,写过一首纪念亡女的诗《今天梦里的病容》:

那晚上的一声怪叫,

素斐,不要让我忘了,

永永留做人间苦痛的记号。

连他的忘年交,为他写诗评的周策纵,都认为他诗写得"太做作、太轻浮、太不能动人感情了"。

胡适在 1950 年代,寄居哥伦比亚的日子,有人这样描写:"胡适之的确把哥大看成北大,但是哥大并没有把胡适看成胡适啊!"

以汉语写作为生的人,离开了自己的国家,也就失去了适合自己拓展的空间。

胡适的可贵之处:"历史眼光"、"系统整理"、"比较研究"。

读他的书,从中学习治学的方法。

《红楼梦》的认证。他说:"曹雪芹写《红楼梦》,并不是什么微言大义,只是一部平坦无奇的自传——曹家的历史。"

在比较研究中,他研究《聊斋志异》的对话,山东淄博淄川的方言,诙谐风趣的故事,推断出中国旧小说中最长的《醒世姻缘》作者,匿名的西周生即真名的蒲松龄。

他喜欢一再重复一句话:"我相信某件事物是真的。"

历史比小说更有趣味,也更值得探究。

英国有一位哲人说:"一个国家要觉得可爱时,是要看这个国家在历史上是否有可爱之点。"一个人同样如此,可爱之人必有可爱之处。

胡适对禅学的论证,体现出他的博学多识。他说:"印度禅重在'定';中国禅重在'慧'。是无奈时候的自我安慰、自我开导。"

他不喜欢现代人做旧体诗,他反对"文字游戏"。他说:"现在的人不用现在的语言做诗,不是文字游戏吗?"

他常常劝别人写传记,大人物可以写,小人物也可以写,也可以为他人写。传记是要流传的,树碑立传,为后人保存一份物证,这是有意义的事务。

鲁迅不在乎传记不传记,但有人在乎,一部又一部的传记,可谓智者见智,仁者见仁。胡适重视传记,也有人重视,一本又一本的传记,流传下来了。

年谱、年表、书信、日记、回忆录、讲演稿,只要是与胡适有关系的文字,我都找来看一看,也许能看出点眉目。

还原一个真实的胡适是困难的。不同的人看到的是不同的胡适。

读胡适的著作,读唐德刚的书,读江勇震的书,读出什么有用的东西来了。

左也罢,右也罢,中庸之道也罢,胡适还是胡适,谁是谁,我们还是我们。

李叔同

升 华

1

我十几岁那年,父亲曾对我说起他小时候唱过的《送别》:

长亭外,古道边,
芳草碧连天。
晚风拂柳笛声残,
夕阳山外山。

天之涯,地之角,
知交半零落;
一瓢浊酒尽余欢,
今宵别梦寒。

长亭外,古道边,
芳草碧连天。
晚风拂柳笛声残,

夕阳山外山。

那时候,我既不知道词作者李叔同是谁,也不理解歌词的内在含意。

父亲去世 7 年了。我时常回忆起父亲,回忆起逝去的岁月,回忆起李叔同的《送别》……心境是苍凉的。

我后来知道了李叔同,也即弘一大师(1880—1942)原籍浙江平湖,生于天津河东区地藏前故居李宅。出生之日,有喜鹊口衔松枝降于产房;视为佛赐善根,终生携带。

我读弘一大师演讲、格言集——《索性做了和尚》(上海三联书店),以及内蒙古人民出版社出版的《弘一大师文集》(四卷)。有所感悟,有所启迪,就想写点什么。

2

人的一生都会有一段相对美好的时光, 值得怀念。他曾经说起,"我从二十岁至二十六岁的五六年,是生平最幸福的时候。此后就是不断的悲哀与忧愁,一直到出家"。(丰子恺《法味》)

我去查《弘一大师年表》(圆明编)。1899 年(清光绪二十五年),他 20岁,奉母偕妻,由津入沪的第二年,移居城南草堂。主人许幻园题"李庐"二字赠之,遂自号李庐主人。是年与蔡小香、张小楼、袁希濂、许幻园结为天涯五友,在上海艺坛崭露头角。

这六年的时间,他的生命充实、愉悦、灿烂之极。以诗赠名妓"雁影女史"朱慧百。长子准出生。从蔡元培受业,同学有邵力子、黄炎培……,皆一时之秀。时与上海名妓李苹香过从甚密。次子端出生。因国事日非,寄情于诗酒声色,他曾以《滑稽列传》题词四绝,倾诉心声:"斗酒亦醉石亦醉,到心惟作平等观,此中消息有盈朒,春梦一觉秋风寒。"(《淳于髡》)其他还写了优孟、优旃、东方朔。他所著《祖国歌》,歌颂祖国,一时流行全国。又为老妓高翠娥作一绝句。

他热爱自己的母亲,在城南草堂,读书奉母的生活,是他一生中最幸福的生活。他 26 岁的那一年,母亲病逝了,他已无牵挂,便赴日本求学。作《金缕曲·别友好东渡》:

披发佯狂走,莽中原,暮鸦啼彻,几行衰柳。破碎河山谁收拾?零落西风依旧,便惹得离人消瘦。行矣临流重叹息,说相思,刻骨双红豆。愁黯黯,浓于酒。

漾情不断淞波溜,恨年来絮飘萍泊,遮难回首。二十文章惊海内,毕竟空谈何有?听画底苍龙狂吼!长夜凄风眠不得,度众生那惜心肝剖?是祖国,忍孤负!

3

出类拔萃,才华横溢,风流倜傥。

诗、书、画,俱佳;歌、曲、艺,皆美。他教学,他演戏,他创作,他翻译,他编辑……,阅尽人间,追求极致。

　　我看着1900年他们天涯五友在上海的留影,1901年他客演黄天霞的剧照,1906年在日本所作炭笔画中那忧郁的女人的面孔,1907年在日本演出《茶花女》的剧照……;我读着他的诗、词、散曲,文章……,不自觉地想到了他15岁时所写下的《断句》:

　　　　人生犹似西山日,
　　　　富贵终如草上霜。

　　他在38岁的那一年,开始写《断食日记》,"不食人间烟火",想皈依佛门。他觉出"文思渐起,不能自已","精神世界一片灵明"。同时,他还在尽力资助留学经费发生困难的刘质平,并嘱其不要告诉他人,要用功,要学有所成。

　　生性高贵,助人为乐,品格卓越。

　　　　4

　　寻找出路是人的本能。梦醒之后,人生最大的不幸莫过于无路可走。

　　1918年,他39岁,他已悟透人生。他的挚友夏丏尊看着他苦行僧般的生活,对他说:"这样做居士究竟不彻底。索性做了和尚,倒爽快!"

　　他也没有什么可牵挂的了。"他将自己所有财物分赠他人——将当年上海名妓朱慧百、李苹香赠他的诗画扇页,他赠与金娃娃的词卷,以及所书'前尘影世'横额,一块金表,均赠与夏丏尊;将自己的油画、水彩画作品,寄赠北京国立美术专门学校;将自己的金石作品及所藏名家金石作品,赠给西泠印社;将画谱等美术书籍、《莎士比亚全集》及自己的几幅书画作品,赠丰子恺留存;将音乐书籍赠给刘质平;将文具、《南社文集》赠给王平陵,将钢琴等家产赠给日籍夫人;将一些衣物赠给校役闻玉。随即,李叔同换上麻布长衫,与两位最心爱的弟子丰子恺、刘质平合影留念后,即在丰子恺与闻玉的护送下,正式去大慈山虎跑寺出家了。"(萧枫编《弘一大师年表》)

他是决绝的。他的前妻携两个孩子,想见他一面,被他拒绝了。他的日籍夫人,恸哭一场,独自走了。

5

我在济南求学的时候,有两个地方给我留下了许许多多美好的回忆。一是悠悠千佛山,二是滔滔黄河。智慧、仁慈、通达、宽容,郁郁葱葱、源远流长……

在千佛山,我记住了一副对联:

暮鼓晨钟,惊醒世间名利客;

经声佛号,唤回苦海梦迷人。

我已经好多年没有去千佛山了,我也不知道弘一大师去没去过千佛山。大概是没有去过的,大师的足迹多半在南方。我也不懂佛教,但我读大师的讲演录,却时常被感动。大师在《南闽十年之梦影》里说:

我的性情是很特别的,我只希望我的事情失败,因为事情失败、不完满,这才使我常常大惭愧,能够晓得自己的德行欠缺,自己的修善不足,那我才可努力用功,努力改过迁善。

他对自己是苛刻的,对众生以慈悲为怀。我反复读他的《改过实验谈》,他的境界,世俗之人,难以望其项背。

他讲了改过之次第:一、学;二、省;三、改。又讲十条改过之方法:一、虚心;二、慎独;三、宽厚;四、吃亏;五、寡言;六、不说人过;七、不文己过;八、不覆己过;九、闻谤不辩;十、不瞋。

他的讲演是提纲式的。他引证着古人的话,"我不识何等为君子,但看每事肯吃亏的便是。我不识何等为小人,但看每事好便宜的便是"。

"时时检点自己且不暇,岂有功夫检点他人。"

"吃得小亏,则不至于吃大亏。"

文学也罢,佛学也罢,归根结底,一切都是人学。

6

我喜爱格言,有时一句便胜过一篇文章对我的影响。格言即诗。

他的《晚晴集》辑录的格言，像诵帚禅师的"篱菊数茎随上下，无心整理任他黄，后先不与时花竞，自吐霜中一段香"，意味深长。还有《格言联璧录写》中的"物，忌全胜。事，忌全美。人，忌全盛。""任难任之事要有力而无气。处难处之人要有知而无言。""恩，怕先益后损。威，怕先松后紧。""论人之非，当原其心，不可徒泥其迹。取人之善，当据其迹，不必深究其心。""静坐常思己过。闲谈莫论人非。""刘直斋云：好合不如好散，此言极有理；盖合者，婚也；散者，终也。至于好散，则善其终矣。凡处一事，交一人，无不皆然。""造物所忌，日刻、日巧。万物相感，以诚、以忠。"

对于做人，这些格言须牢记。如果一个人还有一点良知的话，那么从中一定能汲取到养分，不致于太卑劣了。

邵康节诗云："好花看到半开时，最为亲切有味。"吕新吾云："做天下好事，既度德量力，又须审势择人。"

"精明须藏在浑厚里作用，古人得祸，精明人十属其九，未有浑厚而得祸者。"

这几年，我读洪应明的《菜根谭》，读弘一大师的书，有的浑然一体，有的相互映照，获益匪浅。我相信，"苦学以求实，适当而交往，轻浮躁动必非大器"。

7

书品，也即人品。

　　鲁迅先生在 1931 年 3 月 1 日的日记里写道："午后往内山书店，赠内山夫人油浸曹白一合，从内山君乞得弘一上人书一纸。"可见先生是珍爱弘一大师的书法的。

　　1942 年 3 月，郭沫若驰书请求法书，他写《寒山寺》："我心似明月，碧潭澄皎洁。无物堪比伦，教我如何说！"赠之。

　　同年 9 月，他渐示微疾，立下遗嘱：

　　丐尊居士文席朽人已于九月初四日迁化曾赋二偈附录于后

　　君子之交其淡如水执象而求咫尺千

　　问余何适廓尔亡言华技春满天心月谨违不宣音启

　　前所祀月日系依农历又日

　　1942 年阳历 10 月 13 日，弘一大师安祥圆寂于泉州不二祠温陵养老院晚晴寺，享年 63 岁。

　　赵朴初先生评价他："无尽奇珍供世眼，一轮圆月耀天心。"

鲁迅
大 时 代 的 透 视 镜

1、绍兴：故乡的情愫

我曾经不止一次去过他北京的故居，也到过他上海的故居，但来他绍兴的故居还是第一次。

一个异乡人，行走在绍兴的大街小巷中，却没有多少身在异乡的感觉。

一切都似曾相识，好像什么时候一个人到过那里，梦幻中的此情此景，那棵树，那道墙，那把椅子……故乡，老屋中散发出的气息，烟火与沧桑，斑驳与沉寂，在别处也曾感受到过。

与时代一起衰败的家庭，命运的把戏，他为什么深刻，为什么迷惑，为什么写作？

从根源上去寻找，从血性上去把握，从阅历中去领悟。

不论一个人最终能做多远，能有多么高大，故乡都是永恒的根，既是起点，又是终点。

"三味书屋"是由梁同书题字的。

早先是叫"三余书屋"的，缘自《三国志·董遇传》里的话："冬者岁之余,夜者日之余,阴雨者晴之余。"

后来改成"三味书屋"。一说:"读经味如稻粱,读史味如肴馔,读诸子百家味如醯醢。"读与吃相关,读透便是吃透,要消化也要吸收。

另一种说法是:"布衣暖,菜根香,读书滋味长。"耕读之家,书香门第。

《松鹿图》还在,"福禄寿喜"还在,面对这幅画行礼的人却不在了。

"最有趣味的要算百草园了。"

短短的泥墙根,还是那时的泥墙根,草却不是那时的草了。

美女蛇的故事,不要和陌生人搭话。有人问你,也不要回答。

坐在光滑的石井栏上,在夕阳的余晖下,看如织的行人,渐渐散去……

一百多年以前,他那时还是一个孩子,站在石井栏上往下跳。

麻雀众多,那只头部圆而黑,飞走了的鸟,该是他写到的"张飞"鸟了;那棵高大的树,不知是不是他笔下的皂荚树。

藤与藤缠绕着,分不出哪是何首乌,哪是木莲了。

也许只是幻象而已。

他出生于 1881 年 9 月 25 日(农历八月初三),属蛇,1898 年 5 月,他考入南京江南水师学堂。他在绍兴总共生活了 17 年。

1893 年秋天,是他快乐与忧患的分水岭。

他的祖父周福清(字介孚),为了几个亲戚朋友的孩子科考,向主考殷如章通关节,案发入狱,在杭州关押了 7 年。周家变卖家产去救,从此败落。

这一年他12岁，避难于亲戚家，被称为"乞食者"。同年毛泽东诞生。

我们不妨看看他的年谱，在他的本命年里，都发生过什么。

1905年，他24岁，在日本仙台医专读书。在东京过暑假。那一年，清政府废除了科举制。

1917年，他在北京，住绍兴会馆，常去琉璃厂玩，看古董，抄古碑，读佛经……这一年他36岁，婚姻名存实亡。

1929年，他48岁，住在上海，5月，回北京看望母亲。9月，海婴出生。也是属蛇的。

这就是他与绍兴的渊源。1909年7月，他结束前后七年日本留学生活，回国，在杭州两级师范教学。1910年回到绍兴，1911年5月去日本，催促周作人夫妇归国。1912年2月，他应蔡元培之约，赴南京任教育部部员。1919年12月1日至29日，他经上海，到杭州，至绍兴，卖了房子，接母亲返回北京。从那以后，他创作了大量与故乡有关的文字，却再也没有回故乡。

他的祖父周福清(1838—1904)是做官的，1871年中的进士，晚年写过一部《恒训》，包含家史：他们家在明万历年间，已是小康。至乾隆年，有田万余亩，当铺十余所，称大族了。因内忧外患，渐至破落。他的父亲周凤仪(1861—1896)，既不会经营，又疾病缠身，难上加难。家境由富到穷，由盛到衰，他从中明白了许多道理。

故乡既有美好的回忆,也有挥之不去的阴影。他小说中的人物,阿Q也罢,祥林嫂也罢,都是有原型的。只是在塑造的时候被分解或浓缩了。作家不会凭空创作。

台门,在先前是家庭出身、达官贵人的象征。老台门,是他的祖居;新台门,是他的故居。被称为故里的街道少有树木,做小买卖的店铺鳞次栉比。周家被变卖了的家产,解放后被收回了。现在他的故居是如此醒目,如此气派。他生前也想象不出来吧?

我在一张信笺上,随手记下院中百年以上的古树名称:朴树、柿树、桔树、樟树。它们真实地见证了一个家族的兴衰、破败与光荣。

二、北京:黑夜的灯光

在北京阜城门内西三条21号鲁迅故居的书桌上,有一盏高座煤油灯,先生曾经在那里读书、写作……先生已经习惯了黑夜——光明来临之前的黑夜。先生有看透黑夜的能力,他的文字正是漫长黑夜的见证。

他的内心有着难言的苦楚。小时候,祖父入狱,父亲病逝,都给他的心灵注入了太多的阴郁。家族的衰败,使他过早地承担起了长子的义务。为了母亲,为了兄弟,为了家庭,他付出太多了。他过早地从日本回国,不就是为了自己的兄弟吗?在那里,他才刚刚有了立足之地,刚刚开始著书立说,却不得不放弃了。

他曾经不断地寻找着人生的参照,向传统,向现代西方,向自己同时代的人。他失望过,甚至感到过绝望。他是一位极度敏感的人,对生活充满了理想的色彩,而现实恰恰是冷酷、血腥的,他看到太多他不愿看到的人和事。他的骨子里是一个极其传统的中国人:"老吾老以及人之老,幼吾幼以及人之幼。"包括对待婚姻,他也是一忍再忍,委屈着自己。他个人的生活,在这之前是过于单调、贫乏、苦涩了。有些话,他又能对谁说呢?他那时的文字,弥漫着一种怀疑、矛盾、苦难的气息;他不断地到琉璃厂,到有书的地方去,买书、读书、抄碑、临帖……,这一切成了他当时的寄托,成了他生活中最充实的一部分。

那场轰轰烈烈的新文化运动,已渐渐地平静下来了。过去的同路人,有的当了官,有的发了财,有的当了书斋里的教授,有的背叛了,转而攻击他。那些一度激进的,主张废除汉字的,烧毁孔家店的,诸如此类,也变得保守起来了,漫骂、造谣、污蔑、陷害、杀戮……他目睹了形形色色的人,目睹了许许多多青年人的血……他有时也感到心灰意冷,但他的良知不允许他那样,他需要勇气和热情,需要真理和正义,需要爱和友谊……

兄弟间的失和对于他的打击是致命的,为此他大病一场。他曾经以为自己是活不久的,他对自己的身体感到失望。为了治病,他不断地出入于日本人的医院。他从少年时代看着父亲被中医所误,就开始将一些中医当成了有意或无意的骗子。他熟悉医学,他知道自己的病,他的性格决定了他不会屈服。他的抗争,既是针对个人的,也是针对社会的,都是指向一种病态。他和他的兄弟,曾经一起留学,一起写文章,一起从事现代外国短篇小说的翻译,有时一起署名,有时他干脆只署兄弟的名,但等到兄弟独立了,成名了,有地位了,却因了一点家庭的琐事,因了一个女人的话而反目,甚而到了动手的程度,那是怎样的一种悲哀呵!四十多岁的人了,认真地劳作,不息地奋斗,一切究竟为了什么?书一本一本地出,文学艺术的门类也几乎走遍了,虚名也似乎越来越大了。在世俗的眼里,可谓是成功者了,但又怎么样呢?包办的婚姻,像绳索一样捆绑着他,束缚着心灵,没有爱情,没有交流,没有灵与肉的感应……,许多年来,那种名存实亡的婚姻已经让他感到麻木了,他既不愿想,又不想对任何人说起,在近二十年里,他过的实际上是一种独身生活,他克制着自己,禁锢着自己,压抑着自己……他经常想到死,想到自己生命中的鬼气——那种阴森、冰冷的气息,最终在他的创作中得到了升华。

在冷酷的时代里,他愈加渴望爱和友情。每当他过去的朋友,或者是一些文学青年来访,他一次次地中断了自己的写作,放弃了正在读的书……如果是在夜晚,他就会握着那盏高座的煤油灯,到院中迎送,那盏灯所闪烁出的光芒,曾温暖和照耀过许许多多的心灵,那已经不是一盏普通的煤油灯了,那里包含着爱、关怀、善良,是人性最美好的象征,是永不会熄灭的。

在那里,他终于决绝地向过去的一切告别。他要开始一种新的生活,是从所未有过的生活。他自己设计屋子,自己找人改建成一座最典型的北方式的四合院。在那里,虽然仅仅居住了两年多,但却是他人生中最有收获的时光。他的爱情生活有了转机,有了希望……在种种压力下,他终于说出了——"我可以爱!"

在北方,在五月,在鲜花盛开的季节,他搬到了那座四合院中,他在前院和后院种下了自己喜爱的树木花草……那树已经越长越高了,那里有一种生机,一种光辉——那是属于他自己的家。

在那里,他犹豫过,彷徨过,内心发生过剧烈的冲突。他用小说的形式,写长明灯,写示众,写孤独者,写伤逝,写弟兄,写离婚……那些小说都不同程度地折射出他的影子,他的想象,他对现实的观察和认识。有些话,不能直说的时候,只有委婉、含蓄地通过小说反映一个人的心境、矛盾和冲突……他说:"如果我能够,我要写下我的悔恨和悲哀,为子君,为自己。"人愈是感到孤独的时候,就愈是需要爱和友情,需要同行的人……

对于自己的处境,对于动乱的时代,对于国民劣根性的认识,都使他有一种强烈的忧患意识。他的内心是沉重的,他担心自己对不起人,他不愿因为自己的一次选择而伤害了自己所爱的人。他在《伤逝》中刻画一个人的心境时说:"死于无爱的人们的眼前的黑暗,我仿佛一一看见还听到一切苦闷和绝望的挣扎的声音。"然后,他又近乎自言自语地说:"我还期待着新的东西到来,无名的,意外的。但一天一天,无非是死的寂静。"他究竟在期待着什么呢?他已经44岁了,有人已经在讥讽他老了,他自己也感到自己的精力和体力都不大如从前了。但是,他仍借涓生的口说出了:"我要向着新的生路跨进第一步去,我要将真实深深地藏在心的创伤中,默默地前行,用遗忘和说谎做我的前导……"

夜已经很深了,终于写完了。这痛苦中孕育的作品,只是写给自己,写给爱人的,他一时还不想拿出去发表。他从书桌旁站起来,他凝视着那一盏高座的煤油灯,凝视着自己用心血写成的这些文字,他紧蹙的眉头渐渐地展开了,他点燃了一支烟,慢慢地从创作的激情中平静下来。他离开书房,走到院子中,静静地站了一会儿,北京的晚秋已经有些寒意了……屈原《离骚》中的诗:"吾令羲和弭节兮,望崦嵫而勿迫;路漫漫其修远兮,吾将上下而求索。"此时此刻,正与他的心境吻合。

他患有可怕的肺结核病,加上神经衰弱,一夜又没有休息好。他感到累了,他想歇一会,想多睡一会……

他知道居住环境会对心情带来什么样的影响。在这里,他保持了一种创作的冲动。他写《春末闲谈》、《灯下漫笔》、《杂忆》……他想得很深很远。他那时便提出了"我以为国民倘没有智,没有勇,而单靠一种所谓'气',实在是非常危险的,现在,应该更进而着手于较为坚实的工作了"。

他是清醒的。这清醒使他痛苦。他在后来整理杂文集《坟》时,对以往所留下的陈迹,还依然担心"我未熟的果实偏偏毒死了偏爱我的果实的人……",所以,他的话难免含糊,欲言又止,他知道重要的是唤醒人们渴求新生的欲望。他的有时使人气闷的沉重,使一些人远离了他。他想,那对谁都是幸事。他的真实、冷峻、睿智,绝不像他那个兄弟一样的"昏",更蔑视那种所谓的名士风度……

在这之前,他写散文诗《野草》,几乎就是他一篇篇精神的写照。他的思想、情怀从中流露出来。那时候,他做过很多梦,醒着的梦和睡着的梦。他说:"在我的后园,可以看见墙外有两株树,一株是枣树,还有一株也是枣树。"他写这几句诗,是在秋夜,写作所给予的欣慰。……院子中的栀子花,还有许多叫不出名的野草。在创作的快感中,他又回到了书桌旁,坐在那把藤椅上,点起一支烟,喷出的烟雾在他的四周缓缓地散去了,他独自对着那盏高座的煤油灯,默默地敬奠着什么。他的心情渐渐地沉静下来了,一篇新的构思,又在萌生,从他的想象中,从无边的黑夜里,他看穿了一切都是虚空,他要远行;他遇到了求乞者,微风起来。四面都是灰土;他写《复仇》,那里有生命飞扬的大欢喜。他后来独自想:报复,谁来裁判,怎能公平呢?便又立刻回答,"自己裁判,自己执行;既没有上帝来主持,人便不妨以目偿头,也不妨以头偿目。"那是他最真实的想法。在冬天,在寂寞的时刻,他想到希望,是如何诱惑你,又如何抛弃你。他说"绝望之为虚妄,正与希望相同"。他又是那么喜爱北方的雪,纯粹、洁白、明丽的雪,"那是孤独的雪,是死掉的雨,是雨的精魂"。他回忆起了儿时的风筝,那无可把握的悲哀。在写作之夜,他的煤油灯的光焰,渐渐地缩小了,他靠在椅背上,做过一个虚幻的梦,美丽、幽雅、有趣,理想中有美好的人和事,他一面凝视,一面想追回,结果醒来了,在昏沉的夜。他比谁都清楚人不过是一个匆匆的过客,但重要的是向着什么方向,如何奋然前行。

转过年来的春天是一个多梦的季节,也是诗的季节。他梦见死亡,梦见狗的驳诘,梦见失掉的好地狱,梦见墓谒文,梦见颓败线的颤动,梦见在小学课上立论,梦见自己死后的境遇。在做过一个又一个梦之后,他在现实中塑造了举起投枪的战士的形象,然后,又写聪明人、傻子和奴才,揭示三种人的处境,写《雁门集》中残存的腊叶,写淡淡的血痕中,写一觉醒来一切都是朦胧的,是象征,是真实的。

那是他创作的高峰期,小说、散文诗、散文、翻译,都获得了丰收。他引用叔本华的一句话说,"无刺的蔷薇是没有的。——然而没有蔷薇的刺却很多"。在那时,他几乎敢于无所顾忌地说话、写作,将个人生命置之度外。在屠刀下,他写《死地》,写《可惨与可笑》,写《记念刘和珍君》……,他不惮以最坏的恶意来推测中国人,推测那些所谓的正人君子,但一切还是出乎他的预料了,他毕竟还是太善良,他想不到有人竟会那么卑劣、凶残……那时,他是交了"华盖运"了。在被通缉中,他避难,他想到了远离,想到了南方,那里也许会比北方自由一些罢。

在离开北京的前夕,他断断续续地写成了《朝花夕拾》中的前五篇回忆性散文,在复杂和离奇的生存中,一个人靠回忆写作的时候是多么无聊,而连回忆都没什么可写的时候,还有什么呢?他深刻地体验到了人生的无常……

面对那盏灯想过很多。那盏灯有时候就那么彻夜亮着,陪伴着他,直到天明。很多年来,他已养成了一种习惯,不论是写文章,还是从事其他什么,只要开始了,就得一气做完,为此,他感到疲劳,感到厌倦,但他的韧性,他的无论多么恶劣的环境都要坚持下去的个性,不允许他那样。在黑暗中,他经常腹背受敌,经常遭围攻,但他清楚应该如何保护自己,如何攻击对手,他最终找到了自己的位置,定准了一位文化人的立场。

他很少为自己考虑,在他瘦弱的身躯里,包含了常人所无法想象的能量。想写的东西太多了,而实际完成的又太少了。他不断地和自己抗争,和世界上的不公平抗争,他的才能在不断地鞭策着自己,他看重的是生命的质量,而不是生命的数量。他对待许多文学青年,付出了过多的爱心,常常是宽容的,但对自己,却是苛刻的。他从来不承认自己有什么天才,他说他是将别人喝咖啡的时间都用在了工作上。他的创作常常是即兴的。他不像那些聪明的文人们,知道如何享受,如何安逸、舒适……他的性格注定了他的命运,注定了他的疾病、他的痛苦、他的孤独。在那个动荡不安的时代,一个战士、一个思想者巨大的孤独感同时造就了他的伟大。在他所写的序跋中,不断可以看到他对自己的反省、自责、愧疚,对自己的不满足已形成了一种强大的动力,促使他去奋斗,去寻找,去抗争……在他的生命中,愈挫愈奋、自强不息已化为了血脉。

如果在文化界,我们承认有英雄的话,那么他是当之无愧的,没有谁像他那样,生前生后,有那么多诋毁、亵渎、谩骂……也没有谁像他那样有那么多人爱戴、颂扬、讴歌,他的心灵超越了他所处的那个时代,而成为人类共同的精神财富。就像黑夜的灯,照亮了渴求光明的心灵。

三、上海:沉重的象征

1

我打听了不少人,绕了不少弯路,才在一个幽深的楼道里找到了他最后的寓所(1933年4月11日—1936年10月19日)。一座座三层的建筑物,东西并排着,相互并联又独立着门户,历经风雨的小楼,已显得很陈旧了。

门是常锁着的。在隔壁花 8 元钱买了一张门票,一个陌生的青年为我打开了门。一个人默默地走进小院,走进他的家里,有清冷的感受。一楼是会客厅,然后是餐厅;二楼南面是书房兼卧室,书桌上有一盏台灯,还有书稿、笔墨,边上是藤椅……保持着七十多年前的样子,朴素而干净,庄重而整洁,随意而有序。我默默地多站一会儿,想到他当年就是住在这里,写了《准风月谈》、《且介亭杂文》,翻译了《俄罗斯的童话》、《死魂灵》……把写作当成了一种休息,把别人喝咖啡的时间用在了工作上,把翻翻报刊当作了一种消遣……墙上挂着小小的黑白木刻。是他喜欢的,是美的象征,北面是洗手间和浴室;三楼是儿子海婴的卧室和玩具室,挂着油画,家具是舒适的,为孩子的付出是大的。

这就是他的故居,中西式风格的交融,简约而大方,狭小而开阔,朴素而实用。

2

人是有灵魂的。他还活着,只是活着的形式不同罢了。

他的名字,已经成了醒目的符号。

公园——墓地。以一个人的名字命名的地方,已经是上海市民休闲的场所。被大众接受和认可,人气很旺:有唱歌的,有跳舞的,有散步的,有下棋的,有打太极拳的,有读书看报的,有小商小贩……在这里,淡化了生与死的界限。

1936 年 10 月 22 日，他被葬于万国公墓。经 20 年，1956 年 10 月 14 日迁墓于此——一起移来的还有周恩来种的一株桧柏，许广平种的一株桧柏，还有友人种的一株木槿，十多棵龙柏……

绿树成荫，白色的小花，野草般丛生。一座青铜雕像，是沉重的象征。

3

一个人走在夕阳的余晖中，空气中弥漫着上海市井的烟火气息，山阴路上的一排排小楼，中西合璧。阳台上挂着五颜六色的衣被，晾干的，潮湿的……平民的生活，有自己的乐趣。

旧上海的"半租界"，已看不到踪影。老侨民不在了，越来越多的新移民涌来了。从北四川路向着南京路走去，暗自想，人到了一定年龄，对人和事会不会变得迟钝和麻木了。

感动是一种能力——写作的一种动力，阅读的一种吸引力。当一个人不再感动的时候，也就是无所谓爱与不爱了。

回想二三十年前，读书少，容易感动的书反而多一些；现在读书相对多一点，容易感动的书却是少了。曾感动过自己的一些书，也不为所动了。而鲁迅的书，过去被深深地感动过，现在还被感动着……

想象七十多年前，在那个可歌可泣、可诅咒、可纪念的时代，一个爱夜的人，"自在暗中，看一切暗"。他习惯了黑暗，他心里有黑暗，但给予人的是光明。正如他的文字，即使写的是绝望，却还是要带来希望的；即使剖析的是丑恶，但目的却是向着美好的；即使在疾病的折磨中,心态依然是健康向上的。

　　4

　　上个世纪七十年代末,我在十五六岁时,也不知道为什么会喜欢上了他那本薄薄的白皮书——《且介亭杂文》,在懵懵懂懂中,觉得读着过瘾,由此,引申至《且介亭杂文二集》、《且介亭杂文末编》。

　　那时候,便以为课本上的一些文字不如这书上的文字好看。读到妙处想笑,读到疼处想哭。偶尔想起那段时光,感到挺有意思的。一个幼稚的中学生怎么能迷上这样的篇章?杂文的魅力为什么会有这么大?议论的文字也能妙趣横生……

　　杂文、小品文……在有的人看来,是算不上文学创作的。其实,不是那么一回事。任何文体的写作都有优劣之别、高低之分。同类的比较:功夫的深浅,精神空间的大小,心灵的趋向。为什么而写?如何去写?写到了什么程度?

　　这些是后来的杂感。人过了不惑之年,多多少少有了一点阅历,再找出那几本书来,对照着想想,近三十年的沧桑变化,那么多的书已不忍卒读了,那么多的人和事已面目全非了,而能经得住时间摧残的东西,依然难忘。恰如他在 1935 年 12 月 30 日写的《且介亭杂文·序言》所说,"我只在深夜的街头摆着一个地摊,所有的无非几个小钉,几个瓦碟,但也希望,并且相信有些人会从中寻出合乎他的用处的东西"。读他的书,看到不过时的文字,光彩熠熠。对一个热爱写作的人来说,那就是很有用处的东西了。

5

情与义，刻骨铭心的情与义。人性化的体验，深与浅，重与轻，高与低。文字本身是有尺度的。看到友人的血，看到陌生人的血，看到无辜者的血。落井下石者有之，过河拆桥者有之，无动于衷者有之……而他的文字，以自己的血性，见证历史，预言未来。

亲情之于母亲、兄弟；爱情之于许广平；友情之于瞿秋白、刘和珍、柔石、韦素园、范爱农、萧红、陶元庆、孙伏园、许寿裳……，纪念的文章难写，纪念的文章能长久地感动人的并不多。

重情者为情所累，慕义者为义所伤。

这个世界上，重情义的人很多，善于著书立说的人也很多，而两者结合到一种极致的人很少。汉代的司马迁做到了。《史记》是"史家之绝唱，无韵之《离骚》"。他又说："汉末魏初的文章是清峻、通脱。"1930年代前后，生逢乱世，也是"文以气为主"、"文学的自觉时代"。

6

没有那样的时代背景，也不会出现像他那样的文化人。

这是他写作的场所——种子在这里发芽，文章在这里孕育，作品在这里诞生。

在上海大陆新村寓所一楼，摆放着一张书桌，是瞿秋白的。是难友，是知音，是同志。二楼的写字台上，插着一枝毛笔，叫"金不换"，是最廉价的一种笔，他却用它写出了最珍贵的文字。

儿子最像母亲,女儿最随父亲。他秉承了母亲的性格。孙伏园在《哭鲁迅先生》一文中,记录了他母亲在八十岁时说的一段话:"论寿,五十六岁也不算短了;只是我的寿太长了些;譬如我去年死了,今年不是什么也不知道了么?"从容、旷达、淡定。

在林语堂的眼里,他是战士,"顶盔披甲,持矛把盾交锋以为乐"。棺中放剑不放笔。在萧红的记忆中,他弥留之际,不断地在看一张小画:"那上边画着一个穿大裙子飞散着头发的女人在大风里边跑,在她旁边的地面上还有小小的红玫瑰的花朵。"

人,站的角度不同,身世与经历不同,看重的自然也不同。在乎什么,不在乎什么;在解读一个人的时候,也一定误读了什么,忽略了什么。

7

写作是人生愿望的达成,是生命缺憾的一种补偿,是自我价值的一种实现。

关注什么写什么,喜欢和欣赏什么写什么,讨厌与反感什么写什么。写到尽兴处,心花怒放;写到障碍处,心有郁积;写到出神入化处,跌宕自喜……愿写什么写什么,能写什么写什么。

想做勇士而未成的,看到勇士殉难;想做志士而未成的,看到志士成仁;想做先行者而未成的,看到先行者的捐躯……看到他们的血,他们的遗骸,他们的荒冢。

以坚实的文字砌起的纪念碑,见证了他们的不朽,以过人的胆识预言了时代的更替。

清末民初，在他的家乡绍兴，三个人的存在——书生意气，剑胆琴心，文人刺客。男有"性本爱人"的徐锡麟被剖心，女有"本性高洁"的秋瑾处极刑……生为同乡近邻，曾为赴日学生，归宿不同。最终，他以其坚韧，以其激烈，以其睿智，成为了文学家，成为了旗手，成为了民族魂。

他写《药》，以此怀念秋瑾；他写"吃人"的现实，以此感念徐锡麟；他写看客的心态，国民的冷漠、麻木……沾着烈士血的馒头，坟前惨白的小花，不幸的惨案："时间永是流驶，街市依旧太平，有限的几个生命，在中国是不算什么的……"

8

经典的要义在于思想性与艺术性的完美融合。耐读，耐琢磨，不能模仿，不能再造，不能替代。真实的力度，美学的感染，语言的造化。

就文学而论文学，就学术而论学术，在鲁迅的生前身后，把全集摆出来，对照与比较，谁能相提并论？谁的影响力能与他相比？

王国维与陈寅恪，一前一后，更侧重于学问的研究，为世人瞩目的是书斋里的功夫；胡适与陈独秀，一右一左，更倾向于社会活动，为世人关注的是社会上的地位；梁启超与蔡元培，一位重在学术，一位重在教育……就个人的影响力而言，鲁迅是最大的。是时代的需要吧，是人格的魅力吧，写鲁迅的人最多，研究他的人最多……

写着写着，突然会感到无话可说了。一种声音在质问，你凭什么写鲁迅？是啊，我凭什么写鲁迅？

什么也不为了。就是觉得他的书好，就是觉得他比别人写得好，就是读多少遍也不腻……写他是觉得值得写，哪怕是一点小启示，小感想，小体会，也想记下来，与有相同爱好的人分享——读好书的快乐，智者赐予的果实。读好书多了，也就易于区别开那些不好的书了。从这一点讲，他的书是一面镜子，让你照一照；他的书是一把尺子，让你量一量；他的书是一块砝码，让你称一称……其他那些人。

9

做一个读书人是很幸福的事。但这个世界上可读的书太多了，即使倾其一生，什么都不做，也是读不尽的。

喜欢一个人的书，就想了解他喜欢的书。他常常读的书，他抄过的书，他向人推荐的书……他为什么能写出那么好的文章，除了天赋，还与他的性情、阅历、读书有关。文字的功底有多深，也就意味着读书的功底有多深，善读者越读越精明，不善读者越读越僵化。面上的阅读是广的，点上的阅读是精的。

读一个人的书，每个人有每个人的视点，以肤浅的认识，片面的了解，我一面比较着，一面尝试着推断出他喜欢的 10 本中国书，10 本外国书，还有对他生前身后有影响力的 10 个人：

中国书：《嵇康集》、《史记》、《离骚》、《金刚经心经略疏》、《庄子》、《世说新语》、《容斋随笔》、《水浒传》、《三国演义》、《太平广记》。

外国书：《天演论》、《茶花女轶事》、《查拉图斯特拉如是说》、《苦闷的象征》、《小约翰》、《思想·山水·人物》、《穷人》、《夏娃日记》、《死魂灵》、《凯绥·珂勒惠支版画选集》。

10个人:母亲、章太炎、秋瑾、蔡元培、周作人(对他负面的刺激)、许广平、藤野严九郎、瞿秋白、宋庆龄、毛泽东(他逝世后的影响力)。

写作需要灵感。灵感就是一闪念,就是突发奇想,也难免以偏概全。一个时代,一个民族,一个国家,最终能成就一个文化上的伟人,不是偶然的。天时、地利、人和——大时代造就大哲。

读书与交友一样,也有一个缘字。喜欢的程度,有深有浅,有长有短……以10来算,也难免落入俗套。他喜欢的书,他欣赏的人,难以计数。看看他写过的人,翻翻写他的文章,查查他的日记,会明白更多的。

10

为自己建立一条阅读的标准,以性情为根,以学识为本,以嗜好为主。既没有什么目的又合乎目的。

深夜最适宜于独自遐想:从自己的爱好出发,选他的10篇代表性作品,该如何取舍?选择本身就是一种挑战,在对比中学习和借鉴。

《呐喊·自序》:认识他写作的起因,一个作家的发展轨迹。

《故乡》:从小到大,人与人的距离和差别,为何缩小与拉大?变化。

《孔乙己》:文人的尴尬处境,穷则酸,酸则累,累则困,困则衰。

《阿Q正传》:传统与变革的碰撞,一个懒字,一个哀字,一个怒字。

《伤逝》:为情所迫,为爱所系,为生存艰难所伤;无源之水,无根之本,无分之缘。

《范爱农》:同窗之友,同乡之情,同事之别,惺惺相惜的结晶。

《铸剑》:爱与恨,情与仇,生与死,肝胆相照的血性,舍身取义的求索。

《野草·题辞》:是预言,是誓词,是箴言,是心血之作。

《魏晋风度及文章与药及酒的关系》:感触深,积淀厚。以古代人物映照现实,以讲演感化人心。

《为了忘却的纪念》:最想忘却的最难忘却。痛苦到了一种极致,绝望化为了希望。

文章的细致入微,谋篇布局的精心与贴切,语言的准确与瓷实,境界的高超与通达,剖析的深刻与冷峻,现当代的作家,谁能相比?

我知道想面面俱到,只能什么也不做,什么也不写。而只要有选择,就不能不忍痛割爱,不能不反复斟酌,这仅仅是出于一种爱好罢了。并非专业的角度,还有一种即兴为之的荒率,仅此而已。

11

看照片能看出乐趣,看照片能看出门道,看照片能看出感情……

熟人的相册愿意看,陌生人的相册也愿意看;普通人的照片喜欢看,名人的照片也喜欢看;既欣赏彩照,更欣赏黑白照片。——时光被定格住了,时光被挽留住了。

陈丹青以画家的眼光谈论鲁迅的长相:"在最高意义上,一个人的相貌,便是他的人。"就像字如其人,文如其人一样。

几年前,一个好朋友送给我一本摄影集——《鲁迅》,是 1976 年出版的。我常翻开看看,那些黑白分明的照片,多半是他在上海照的。也许是思维定势罢,感觉他就应该是那种气质,只能是那种气质,……面相好,骨相更好。他当年随便说到外国文人的面相,"陀斯妥耶夫斯基一副苦相、尼采一副凶相……"

倘若说,齐白石和黄宾虹是长寿相的话,那么徐悲鸿和傅抱石就是短寿相了;如果说,他是坚韧相的话,周作人就是一副软弱相了。"五·四"前后的文化人,是不是也可以说,王国维是忧郁相,蔡元培是长者相,陈寅恪是学者相,郭沫若是聪明相,茅盾是持重相,李叔同是善相,胡适是优越相,闻一多是孤愤相,徐志摩是风流相,林语堂是练达相,沈从文是内敛相,老舍是悲悯相,冰心是福相,巴金是吉相……

在众多的文化人当中,他的相貌最具有代表性。要庄重有庄重,要气势有气势,要风度有风度,是文化巨人的形象。

这只是一种直觉,一种感受,一种印象而已。

12

一个从事写作的人,如果能在某一个领域有所建树就已经很不容易了。

写诗写好了,可称为诗人;写小说写好了,可称为小说家;写散文写好了,可称为散文家;写剧作写好了,可称为剧作家;写杂文写好了,可称为杂文家;写评论写好了,可称为评论家;翻译做好了,可称为翻译家……而能被誉为文学家就不是那么简单了。文学家是文学上的集大成者。

鲁迅之所以是鲁迅,就在于他能不断地转换角色,不断地超越与升华……在改朝换代的时候,在新旧事物交替的时候,处在中间环节,承上启下。——"写新的不能,写旧的不愿。"又不能不写时,也就面临着抉择了。

敬惜字纸,写作需要节制。文章并非越长越见功力。把长篇浓缩为中篇,把中篇压缩为短篇,把短篇删节为特写……直到改不动为准。这是他的风格。

文学的门类他几乎走遍了,不重复自己,不断地创新。

13

有关他的文章,大致分为两类:赞扬与欣赏,亵渎与批评。如果只存在一类,文字的生命力也不会这么顽强,这么持久。

两类文章放在一起读,挺有意思的。赞扬的是着重,责骂的是在乎,都意味着从不同的侧面关注他。真正的悲哀在于既无赞扬也无责骂,只有置之不理的冷淡。

爱恨交加,人性在两个极限相遇。如此分明,又如此一致。骂人,攻击人,冷嘲热讽,能从中看出一个人的修养,一个人的胸怀与造化。

比如以动物去比喻人,很好笑的,也很有趣的。1929 年是蛇年,他48 岁的本命年,也是梁实秋的"狗"年和他的"牛"年。《拓荒者》上有一篇短文,给梁实秋一个称号:"资本家的走狗。"原本与他无关,梁却在《新月》上朝他狂吠,影射他拿卢布。他又在走狗前面加了一个丧家的"乏"字。梁实秋便在 1930 年 1 月 10 日的《新月》上发表了《鲁迅与牛》,声称"要吃草还怕人看见,太'乏'了!"

那个年代,有些事情已经解释不清了。

文化上的论争,同一个量级的交手才有看点。赤膊上阵的有之,暗放冷箭的有之,无聊起哄的有之……当一切烟消云散,偶尔打开一本书,好看的文章依然好看,不好看的东西还是不好看。——我读他的书,总能感到一种温情。在文化论战中,他就事论事的多,为守而攻的多,为义而伤的多。"爱而得仇,善而获怨。"如此而已。

14

他既有庄严肃穆的一面,也有轻松游戏的一面。进则能笔伐,退而可调侃;怒则横眉冷对,笑而跌宕自喜。

他喜欢的动物:猫头鹰是智慧的,赤练蛇是好看的,壁虎是有益的,狮虎是威猛的……

他反感的动物:猫是凶残虐杀的,苍蝇是有毒的,蟑螂是可恶的,蚊子不仅咬人,还要嗡嗡叫的……

看到胡乱吠叫的狗,去打狗;看到啖食相思树叶子的猪,去赶猪;看到偷吃鱼的猫,去追猫……还有想得而得不到的墨猴,得到又失去了的隐鼠;还有尽心尽力的"孺子牛",轻捷的云雀,"弹琴"的蟋蟀……

人的灵性,人的心得,闪现在了动物的身上。对看似微不足道的事情也充满兴致的时候,是惬意的。

在史沫特莱的眼里,"鲁迅是中国现代作家当中惟一具有我们所谓'天才'的那种奇异而稀有的品性的人"。"鲁迅真是美丽,——因为当他快乐的时候,或是对什么东西发生兴味的时候,他总是美丽的。"

15

在上个世纪二三十年代,没有哪座城市像上海,更适宜于他的存在了;北京是没落保守的都城,相对于厦门和广州,上海更是国际化的大都市,殖民地半殖民地,新与旧,攻与守,进与退……文化人的创作空间是大的。

从他的日记里能看出,在北京是读古书多,抄佛经与碑帖;在上海是读外国书多,翻译与介绍。与更多智者、勇士、贤人的结缘。

四、选择与被选择的

每个人,每时每刻,都面临着选择,或者被选择。

要么主动选择,要么被动接受。

认识鲁迅,从选择的角度去看,也许能看出什么有意味的东西。

1

他的出生地在绍兴,这是与生俱来的,命中注定的事。

17 年的记忆,为他后来的写作,埋下了种子。

选择南京,去水师学堂求学,投靠周氏的本家,那是没有办法的办法,没有出路的出路。

一年后,转入路矿学堂。

前前后后,在南京度过了三年多的时光。

选择留学日本。

21岁,在东京弘文学院。在22岁的时候,写自题小像诗:"灵台无计逃神矢,风雨如磐暗故园。寄意寒星荃不察,我以我血荐轩辕。"青年时代的志向,也是他一生的真实写照。

23岁,选择仙台,就读医学专门学校,祖父7月去世,他9月入校。

选择退学是在25岁那年,与幻灯片的刺激有关,而更多取决于他的志向与爱好。

同年7月间,奉母命回国与朱安完婚后,又一次选择了东京。待了有3年的时间。

28岁,回国,选择了杭州。29岁,重返绍兴。

31岁,1912年初,在南京短暂停留后,随临时政府,迁往北京。

一住就是14年。是他创作最旺盛的时期。北京的水深,北京的文化积淀厚,北京的遗老遗少多。从此,他的创作一发而不可收了。

1926年9月1日,他由上海乘船到了厦门。在大学教了三个多月的书,又选择了广州。期间,去香港讲演。

上海是他最终的选择。

1927年秋天,他与许广平在上海结合了。生命中最后的9年,也是他事业最辉煌、最鼎盛的时期。

从生存、温饱、发展这三点去理解一个人,为什么要选择那些城市。绍兴——北京——上海,这是他一生中最重要的三座城市,也可以称为他的第一故乡,第二故乡,第三故乡。再有就是日本的东京了。

2

选择不是一成不变的。随时随地,选择适合自己的路。

最初选择南京水师学堂,是因家境的衰败,被逼无奈的选择。但所开设的课程,格致、算学、地理、历史、绘画、体操,都在无形中启发了他。

实业救国,他转而选择路矿学堂,了解地质,学习开矿,研究自然科学。

在日本,又选择了医学专业,在维新变法中,新医学起了重要的作用了。相信西医,掌握了本领,去救治像父亲一样的病人。

他后来悟出了一个道理:即使再高明的医生,也只能救治人的肉体,而很难改变人的精神。只有身体的强壮,却没有文明的精神,也只是行尸走肉而已。倡导文艺,改造人的心灵世界,他决定选择文艺作为自己终生的事业了。

从25岁开始,一直到55岁,三十年的坚韧,三十年的苦功,三十年的觉悟……由现实的人生融入理想的人生中去了。

科学、严谨、扎实的训练,为人生的艺术,为艺术的人生,他选择了最好的表现方式,最好的也选择了他。

多一个少一个地质学家、医学家,也许都无关紧要,但不能想象没有他这样一位伟大的文学家。

3

一个诗人，一位作家，倾其一生，在一种文体上能有所建树，就已经很不简单了。

1995 年春天的夜晚，当我在偶然之间，想到他的写作文体，《鲁迅肖像》的构思，渐至清晰。为一部书的写作激动不已。

打开他的书，就像打开一扇门。每一种文体的创作，都是一座高峰，一道风景，一种极致。

写作的愉悦也是发现的愉悦。一部书涉及了十三个方面的内容：

诗歌、小说、散文诗、散文、自然科学的论文、美术评论、译文、文学史的研究、书信、日记、演讲词、电影论述、杂文。

面对他博大精深的书，写作的过程也是学习的过程。做读书笔记，写下自己的感想，寻找他读书写作的脉络，学习他那种坚忍不拔的精神。

每一位优秀的作家都是文体学家，自己的风格，自己的文体特征，自己的面貌。

读他的书，有一种曾经沧海的感觉。

置疑、反思，剖析自己甚于剖析他人，审视、拷问，冷峻到极端就是热烈了。他兼有诗人的热情与哲人的理智。毛泽东在《新民主主义论》中说："鲁迅的方向，就是中华民族新文化的方向。"

4

如果说字如其人的话，那么名更如其人了。

　　他本名樟寿，字豫山，因为在绍兴话中，豫山与"雨伞"的读音相近，被同窗开过玩笑。由此，祖父为他改了一字，叫豫才。他到南京求学时，自己又改为树人了。——母亲姓鲁，鲁迅是他发表作品时的笔名。

　　这名字起得好。新文学史上的大家，名字个个响亮，鲁迅、胡适、郭沫若、沈从文、巴金、郁达夫、冰心、林语堂、徐志摩、林徽因、戴望舒……起名字是一门学问，寓意和内涵，希望与寄托，理想和现实。名字不仅仅是一个符号，已被赋予了一种人文色彩，一种象征意义。

　　人，人性，人的良知，人的气息，他将逝者写活了，以白描的写法，概括的手法，三言两语，一针见血，入木三分。

　　咬文嚼字，之乎者也，知道茴香豆的茴有四样写法的孔乙己；《药》中的人血馒头；《风波》中的九斤老太，重复着"一代不如一代"的话；画圆圈的阿Q，圆还是不圆，二十年后又是一条好汉……画龙点睛，小说中的人物，栩栩如生。

　　他写在水中，"直立着"逝去的范爱农；"无论从旧道德，从新道德，只要是损己利人的，他就挑选上，自己背起来"的柔石；在"默默中泯灭"了的韦素园……在散文中，写人和事，令人刻骨铭心，难以忘却。

　　文字如同映像，却比映像更真实，更深刻，更有穿透力。

5

　　他已经离开这个世界76年了，但他还活着，是不可动摇的、坚不可摧的存在。

　　最有价值的东西，最有情趣的东西，最有意义的东西，保存在他的书中。一面光辉的旗帜，在高空猎猎飘扬。

郁达夫在《怀鲁迅》中说："没有伟大的人物出现的民族，是世界上最可怜的生物之群；虽有了伟大人物，而不知拥护、爱戴、崇拜的国家，是没有希望的奴隶之邦。"

读他的书，促人清醒，促人深思，促人奋进……

他说："我每看运动会时，常常这样想：优胜者固然可敬，但那虽然落后而仍非跑至终点不止的竞技者，和见了这样竞技者而肃然不笑的看客，乃正是中国将来的脊梁。"

人，个体的差异，智商和体格的不同，但精神是不能垮掉的。"人是需要有点精神的。"在越来越物化的年代，为一种理想而发愤努力的观念，不能失去。

他在高处，选择者在低处。

鲁迅，是中国的鲁迅，也是世界的鲁迅。

大国梦，强国梦，没有文化上的强大，也只能停留在梦中了。大国必先是文化上的大国，理想中的大国。

阅读他的书，不会劳而无功。

李大钊

慷 慨 就 义

　　人生的目的，在发展自己的生命，可是也有为发展生命必须牺牲生命的时候。因为平凡的发展，有时不如壮丽的牺牲足以延长生命的音响和光华。绝美的风景，多在奇险的山川。绝壮的音乐，多是悲凉的韵调，高尚的生活，常在壮烈的牺牲中。

——李大钊

　　1927 年 4 月 28 日，在狱中被关押二十多天的他[1]，受尽酷刑，连双手的指甲都被剥去了。他坚贞不屈。他说："钊自束发受书，即矢志努力于民族解放之事业，实践其所信，厉行其所知，为功为罪，所不暇计。"他所表现出的英雄气概，连狱卒、同监犯人，也不能不钦佩。

　　他走向了绞刑架。有十九位革命者，与他一起在北京西交民巷京师看守所被秘密杀害。临终前，他说："不能因为你们今天绞死了我，就绞死了伟大的共产主义！我们已经培养了很多同志，如同红花的种子，撒遍各地！……""脸上发着慈祥的光芒，活像一个菩萨"[2]的他，"茹苦

---

　　① 指李大钊。
　　② 《李大钊传》第 218 页，人民出版社。

食淡,冬一絮衣,夏一布衫"①的他,"自学浑不倦,诲人何其勤,没有宗派气,内外从如云"②的他,从容就义。年仅 38 岁。

在狱中,他有两种选择:要是屈服了,可以得到荣华富贵。有人③诱导、收买他,都被他严辞拒绝。他说:"大丈夫生于世间,宁可粗布以御寒,'晚食以当肉,安步以当车',也要保持民族的气节……"④正义感、追求真理的精神支撑着他的生命。他决绝地选择了死。他的言行感化了很多人,连看押他的警官,都在私下里说:"上边的命令,我们也没法子想,像李先生这样的人,我们是十分信仰尊敬的。"

他的一生,最能概括他为人为文的莫过于两句话:"铁肩担道义,妙手著文章。"他的手迹,正是他生命的写照。他是一个不幸的人,"在襁褓中,即失怙恃,既无兄弟,又鲜姐妹,为一垂老之祖父抚养成人"。⑤他勤奋、好学,手不释卷;他"感于国势之危迫,急思深研政理,来得挽救民族、振奋国群之亘策",⑥他寻找着实现理想的道路。

天津北洋法政专门学校的老师白亚雨成为他青年时代的榜样。白老师有热情、有学识,每每慷慨陈辞:"歌荆轲易水之歌,其声郁抑苍凉,听者皆涕泣相向。"尤其是老师在滦州起义后被捕、牺牲,更深深地激励着他。老师在就义时,立而不跪,昂首宣称:"此身可裂,此膝不可屈。""我死不足惜,倒是你们今天做清朝的奴隶,明天就要做外人的牛

---

① 同乡好友为营救李大钊的上书。
② 陈毅悼念李大钊的诗。
③ 指奉系军阀张作霖的帮凶杨宇霆。
④ 《李大钊传》第 217 页。
⑤⑥ 李大钊《狱中自述》。

马,难道不觉得痛心吗?"①他要做一个像老师那样的人,要做时代的号
角和黑暗中的向导:"宁为玉碎,勿为瓦全。"

鲁迅在他的文集序言里说:"我最初看见守常②先生的时候,是在
独秀先生邀去商量怎样进行《新青年》的集会上,这样就算认识了。不
知道他其时是否已是共产主义者。总之,给我的印象是很好的:诚实、
谦和、不多说话。"他写诗、著文,皆如其人。

当陈独秀入狱,被营救之后,他在《欢迎独秀出狱》一诗中说:

……你不必感慨,不必叹息,

我们现在有了很多的化身,同时奋起:

好像花草的种子,

被风吹散在遍地。

他是一位"没有一瞬徘徊,没有半点踌躇,唯知跃进,唯知雄飞"的
诗人。他为人正气凛然,为文寓意深刻。他说:

大凡一新生命之诞孕,必历一番之辛苦,即必需一番之努力。……

夫宇宙本相,为不断之轮回,吾人日循此轮回生死、成毁、衰亡、诞
孕之中,即日尝辛苦,日需努力,而不容有所息荒。(《新生命诞孕之努
力》)

---

① 《李大钊传》第9页。
② 守常为李大钊的署名。

他办《晨钟报》，既以此警世，也以此自勉。他的战斗檄文，或长或短，或击筑高歌，或慷慨激昂。足以感人，足以益智。

他在《每周评论》上发表的短文，堪称画龙点睛的绝妙之笔。比如《乡愿与大盗》：

中国一部历史，是乡愿与大盗结合的记录。大盗不结合乡愿，作不成皇帝；乡愿不结合大盗，作不成圣人。所以我说，真皇帝是大盗的代表，圣人是乡愿的代表。到了现在，那些皇帝与圣人的灵魂，搗复辟尊孔的鬼，自不用提，就是这些跋扈的武人，无聊的政客，哪个不是大盗与乡愿的化身呢！

一针见血，入木三分。再比如《过激乎？过惰乎？》：

人类所以总是这不长进的样子，实因社会上有一种力量作怪，就是惰性(Inertia)。他的力量，实在比进步的力量大的多。有了进步的举动，人就说是过激，因为他是在惰性空气包围的中间。其实世间只有过惰，哪有过激！不说是自己过惰，却说人家过激，这是人类的劣根性。

从大处着眼，从小处下笔。将一些复杂、深奥的事物用单纯、浅显的语言表达出来，可见他的学识与功力。他力主创新。他深知成功是以牺牲为代价的。他说:"我常和友人在北京市里步行,每过那颓废墙下,很觉可怕,怕他倒了,把行路的人活活压死。请问世间最危险的东西,到底是新的,还是旧的? "(《最危险的东西》)他极力反对那些"托古之说,以自矜重"的人。他认为"我们现在所要求的,是个解放自由的我,和一个人人相爱的世界"。(《我与世界》)

为自由而战,为人权而争。一个人可以畏患,但不避义死。在鲁迅称为民国以来最黑暗的一天——1926 年 3 月 18 日,北京各界群众十余万人在天安门集会抗议日本侵犯中国主权的行为,会后结队赴段祺瑞执政府请愿;不料在国务院门前,段祺瑞竟命令卫队开枪射击,并用大刀铁棍砍杀,当场和事后因重伤而死者四十七人,伤者一百五十余人……,他参与并发动了这次斗争,他走在前面,他的头部和双手都负了伤。

他要做劳动者的喉舌。他面色苍白,胡子比以前更黑了。他清楚劳动的意义,他的心在底层民众的一边,在青年的一边。他曾写过一篇《现代青年活动的方向》,他"觉得人生求乐的方法,最好莫过于尊重劳动。一切乐境,都可由劳动得来,一切苦境,都可由劳动解脱"。他将一位俄国诗人的诗句"毁了你的巢居,离开你的父母,你要独立自营,保持你心的清白与自然,哪里有悲惨愁苦的声音,你到哪里去活动"当作宝训与警钟。他希望成长中的青年要有追求的方向,并尊重劳动,寻找安身立命的地方。

贤者诚重其死,但不欺其志。他在《列宁》一文中写到列宁的长兄因"谋杀皇帝罪"被捕、受审、行刑的过程。一位英国作家说:"他被讯的时候,辞却一切法律上的援助,对于不利于他的话,一句亦不驳,他第一的希望是要解脱和他有关系的人。首席辩护士说他自己承认了一切的罪名,差不多就是不是他作的事,亦认作是他作的一样。"他被处以死刑。在行刑前,他的母亲来探望他,他流着眼泪,匍匐在母亲脚下,恳求母亲能宽恕他所带来的痛苦。他说:"一个人于报答两亲以外,还有更高的义务,即在俄国为全体人民谋政治的解放,而我就是这些更高义务中的一种。"他还记着几件小事,将自己的金奖品卖了,还借朋友的三十卢布,还以前借的书……

"人固有一死,死或重于泰山,或轻于鸿毛,用之所趣异也。"[①]列宁长兄的死是重于泰山的。他对此充满了敬意。他后来在《黄庞流血记序》里谈到死的话题,"不是想作英雄而死,亦不是想作烈士而死;乃是为救助他的劳动界的同胞脱离资本阶级的压制而死,为他所信仰的主义而死"。这一切正是他理想中伟大的死。死亡有时比活着更能证实人存在的价值。"正如蒙泰涅应该死在床上,莫里哀应该死在舞台上,拜伦应该死在希腊战场上一样。"

他相信未来。他希望青年学生关心政治,加入到爱国群众运动中去。他在为北京学生联合会作的讲演《纪念五月四日》中说:"因为政治不澄清,使我们不能不牺牲求学之精神而来干涉政治。"

一个不懂政治和历史的人就是一个没有长大的孩子。他写论文《桑西门的历史观》,他引证了桑西门的一段话:

---

① 司马迁《报任安书》。

"诗人的梦想，以为只于太古蒙昧人类原始的时代，才有'黄金时代'。抑知那却不是黄金时代，宁认他为铁时代尚为得当。黄金时代，不在我们背后，乃在我们面前；不在过去，乃在将来。……"

他主张学以致用。他说："凡是一种学问，或是一种知识，必于人生有用，才是真的学问，真的知识，否则不能说他是学问，或是知识。"[①]他身体力行，重视实践，为被侮辱与被压迫的底层民众，倾其一生；他的著述，闪耀着他独有的人格魅力。

在他就义六年后，也即一九三三年四月，他的生前友好，北大师生，知名人士鲁迅、李四光等为他捐款，举行公葬。

从北京浙寺到西单，热爱他的人，拦车公祭；汽车、电车都不能行驶了。深红色的棺材后边是一眼望不到边的人群，有学生、工人、士兵……花圈接着花圈，挽联跟着挽联。高举在最前面的是北京青年送的一副挽联：

为革命而奋斗，为革命而牺牲，死固无恨；
在压迫下生活，在压迫下呻吟，生者何堪！

送葬队伍行至西四时，便遭到了大队军警、特务的开枪环击。"……到香山万安公墓时，一辆骡车拉来了一块石碑，碑额上刻着鲜红的镰刀斧头。……但当时，却只能同他一起埋于地下。下葬后，几十个

---

① 《现代史学的研究及于人生态度的影响》，《李大钊选集》第504页。

埋葬他的工人,都被感动得痛哭起来,坚决不要工钱,一个个含悲而

去。⋯⋯"①

---

① 参照《李大钊传》第 323 页内容缩写。

瞿秋白

人 生 知 己

　　没有经历过苦难的人,不会产生那种挚热的情感。痛苦和磨难,对生命是一种损耗,对艺术是一种滋养,对友谊是一种考验。

　　鲁迅曾经书赠瞿秋白:"人生得一知己足矣,斯世当以同怀视之。"那是怎样的一种境界!

　　他们都是经受过苦难的人,同处于一个内忧外患的时代,他们又都是重感情的人。鲁迅比瞿秋白大18岁,他们之间,算得上是忘年交了。瞿秋白在1933年曾编辑过一本《鲁迅杂感选集》,并写了序,由上海青光书局印行。那篇序言,可谓感人至深。他真正读懂和理解了鲁迅。他说:"善于读他的杂感的人,都可以感觉到他的燃烧着的猛烈的火焰在扫射着猥劣腐烂的黑暗世界。"他们都是敢于正视现实、敢于正视淋漓的鲜血、敢爱敢恨、敢于反抗不公正的命运的人。

　　他将鲁迅的精神概括为四点:

　　第一、是最清醒的现实主义。

　　第二、是"韧"的战斗。

　　第三、是反自由主义。

　　第四、是反虚伪的精神。

　　对于中国人的劣根性,他与鲁迅同样有着清醒、深刻的认识。我有过一种也许不恰当的类比：他们之间的那种关系与魏晋时期阮籍与嵇康的关系，有某种相似，嵇康与瞿秋白都是在很年轻的时候便惨死于执政者的屠刀之下；他们的能力和才华，不幸过早地被抹杀了。不同的是，前者是曹魏政权与司马氏集团斗争的殉葬者；后者是政治斗争的殉道者。嵇康在赴死之前所弹唱的古琴曲《广陵散》已经失传，成为千古的绝响了。而瞿秋白在就义之前，所写的《多余的话·告别》，是用心血写成的绝唱，是真正意义上的散文诗，是生命的绝笔，在他最后的日子里，他也没有忘了"俄国高尔基的《四十年》、《克里摩·萨摩京的生活》，屠格涅夫的《鲁定》，托尔斯泰的《安娜·卡列尼娜》，中国鲁迅的《阿Q正传》，茅盾的《动摇》，曹雪芹的《红楼梦》，都很可以再读一读。"

那是中国现代史上最黑暗的岁月——1935年6月，在福建长汀，他唱着《国际歌》，英勇就义。那一年，他只有36岁。

他牺牲后，鲁迅在病痛中，在卑劣之徒的围剿中，开始着手搜集、编辑、出版瞿秋白的遗著译文集《海上述林》。书分为上下两卷，鲁迅先后于1936年3、4月，写了两篇序言。原书上下册于同年5月和10月出版，由于迫于形势的黑暗，《海上述林》出版时只得用了瞿秋白的一个笔名——史铁儿。作为知己，他尽心尽力了。

鲁迅病重期间，还坚持写了《〈海上述林〉上卷插图正误》、《绍介〈海上述林〉上卷》，他的评价也是相当高的："本卷所收，都是文艺论文，作者既系大家，译者又是名手，信而且达，并世无两。其中《写实主义文学论》与《高尔基论文选集》两种，尤为煌煌巨制。此外论说，亦无一不佳，足以益人，足以传世……"

　　鲁迅与瞿秋白的心灵是相通的。他们作为中国最优秀的文化人，同情低层的民众，心灵属于人民。他们都是非常真诚的、重情谊的人，伟大的人。

　　瞿秋白编的《鲁迅杂感选集》，选的是鲁迅最有代表性的杂感精华，他在序言的开篇即引了鲁迅《坟》里的话："自己背着因袭的重担，肩住了黑暗的闸门，放他们到宽阔光明的地方去……"那是鲁迅的追求，也是瞿秋白的追求，是他们心灵的共鸣。

　　鲁迅选编瞿秋白的《海上述林》，他首先认为那是好书，是有意义的书。比起他早年编校《嵇康集》时，付出了更多的心力。倘若瞿秋白地下有知，一定会想起鲁迅赠给他的墨迹吧："人生得一知己足矣，斯世当以同怀视之。"还有什么能比这种情谊更可宝贵的呢！

　　鲁迅与瞿秋白，他们那种纯粹的关系是人类最美好、最神圣、最崇高的一种关系，是值得作为晚辈的我们，终生学习，终生铭记的。

　　怀念你们，鲁迅与瞿秋白！

郭沫若

生 命 之 树

1

论述像郭沫若那样聪明、博大、精力超群的人,需要极度慎重。

倘若仰视的话,就如遥望漫漫长空中的一颗彗星,可望而不可企及。如果平视的话,则需要一种高度,而我们看到了许多庸人,他们即使踩在一堆秦砖汉瓦上,也难能听到几句贴切的评论。要是俯视的话,那么这个人不是真正的天才,就可能是狂妄的骗子。

认识和接近他都是艰难的。他既比人们想象得纯粹,又比许多人推断得复杂。读他的书,有的使人异常钦佩,有的则让人感到失望。他的形象,在多数人的心目中是高大的,像一座界碑;而在少数人的话语里,则显得矮小了。他不是一位完人,但正如一切精英也会有过失一样,瑕疵丝毫掩饰不了他为人为文的光辉。历史已经证实了他的价值。一个敢爱敢恨、大俗大雅、能拿得起放得下的人,一个在大是大非面前保持清醒的人,一个用生命和心血谱写了壮丽诗篇的人,一个具有民本思想、平民意识的人,一个走在时代的前列、像烈火一样燃烧过的人……读他的书,相信他才气逼人——进能做事,退能为文。

他易于感情用事,有时会说出一些过头的话。比如他与鲁迅先生的关系：在小处有过误解和分歧，在大处却是一致的。鲁迅先生在晚年曾感慨道：

　　我和茅盾、郭沫若两位，或相识，或未尝一面，或未冲突，或曾用笔墨相讥，但大战斗却都为着同一的目标，决不日夜记着个人的恩怨。

　　看待任何一位历史人物，都要从大的方面着眼。作为同时代杰出的文化人，他与鲁迅最终相互理解了。这之后，老舍写过一篇随笔《我所认识的沫若先生》，从五个方面赞述他："一、他的文艺作品的创作及翻译；二、在北伐期间，他的革命功业；三、他在考古学上的成就；四、抗战以来，他的抗敌工作；五、他的为人。"老舍认为"他永远真诚，等到他因真诚而受了骗的时候，他也会发怒——他的怒色是永不藏去的。这个脾气使他不能自已的去多知多闻，对什么都感觉趣味；假若是他的才力所能及的，他便不舍昼夜去研究学习，他写字，他作诗，他学医，他翻译西洋文学名著，他考古……而且，他都把它们作得好；他是头狮子，扑什么都是全力，等到他把握到一种学术或技艺，他会像小孩拆开一件玩具那么天真，高兴，去告诉别人，领导别人；他的学问，正和他的生命一样，是要献给社会、国家、与世界的。他对人也是如此，虽然不能有求必应，但凡是他所能做到的，无不尽心尽力地去为人帮忙"。

　　鲁迅和老舍先生都是我最钦佩的中国现代作家，我相信他们的眼力，相信他们所说过的话。他们同属一种类型：一方面，是杰出的文化人；另一方面，又是献身于时代的斗士。

2

《女神》影响了中国几代读诗、写诗的青年人。

他有一颗火热的心，他是浪漫的，积极的；他悲壮，但不感伤。在一个黑暗、冷酷的时代里，他要创造新的光明，新的温热，新的太阳。他创作短诗《立在地球边上放号》，抒情是惠特曼式的，是对人性，对生命，对力量的颂歌：

无数的白云正在空中怒涌，

啊啊！好幅壮丽的北冰洋的情景哟！

无限的太平洋提起他全身的力量来要把地球推倒。

啊啊！我眼前来了的滚滚的洪涛哟！

啊啊！不断的毁坏，不断的创造，不断的努力哟！

啊啊！力哟！力哟！

力的绘画，力的舞蹈，力的音乐，力的诗歌，力的律吕哟！

在日本求学时期，是他诗兴最浓的时期。他在《我的作诗的经过》里说："惠特曼的那种把一切的旧套摆脱干净了的诗风和五四时代的狂飙突进的精神十分合拍，我是彻底地为他那雄浑的豪放的宏朗的调子所动荡了。"他同时还迷恋着泰戈尔和歌德。他翻译的《少年维特之烦恼》，有多少人曾为之流泪？有多少人曾默诵过："青年男子谁个不善钟情？妙龄女人谁个不善怀春？这便是人世间的至洁至纯……"

他的诗有充沛的激情，能感动人，激励人，让人从毁灭中看到新生。最典型的要属他的《凤凰涅槃》了。他高歌着："死了的光明更生了。死了的宇宙更生了。死了的凤凰更生了。"诗人敢于正视死亡，冥想死亡。他写《离别》、《死的诱惑》。在创作中，诗人超越了死亡。他是这样一种人，如果爱什么，就全身心地投入进去，融入进去。他译雪莱的诗，就像自己创作一样，浑然忘我。诗的境界也就自然而然地升华出来了。

假如说，诗是属于青年的，那么历史则是属于老年人的事业。前者是冲动，上升的；后者是冷静，下沉的。

他是一位充满了勇气和智慧，有自我牺牲精神的人。他曾积极地投身于北伐。当胜利之后，蒋介石背叛革命。在大屠杀的死亡恐怖下，他创作发表了战斗的檄文：《请看今日之蒋介石》。他说："蒋介石已经不是我们国民革命军的总司令，蒋介石是流氓地痞、土豪劣绅、贪官污吏，卖国军阀所有一切反动派——反革命势力的中心力量了。"在那个时代，他所表现出的一切，都具有大无畏的英雄主义气概。

3

这之后，他避难日本，他的甲骨文研究在很大程度上受益于王国维。他还从日文翻译了德国学者亚·米海里斯的《美术考古一世纪》。在殷墟卜辞和青铜铭文的研究领域，用他自己的话说，"主要是这部书把方法告诉了我"。

历史学家侯外庐在纪念文章中谈到，1948年的冬天，在沈阳的一家饭店里，许广平曾提起过，鲁迅先生看到郭沫若的古史考证，金文甲骨文研究，说他有伟大的发现，路子对了，值得大家师法。

在中国近现代史学界，在甲骨文的研究中有"四堂"之说，即王国维(观堂)、罗振玉(雪堂)、董作宾(彦堂)、郭沫若(鼎堂)。在学术上，他们各有自己的创见。

翻开他的《青铜时代》、《十批判书》，都沉甸甸的。他在治学上下过很深的功夫。他在日本学医的经历使他具备了科学求实的精神，他在《我怎样写"青铜时代"和"十批判书"》一文中说："在科学方法之外，我也接近了近代的文学、哲学和社会科学。尤其辩证唯物论给了我精神上的启蒙，我从学习着使用这个钥匙，才认真把人生和学问上的无门关参破了。我才认真明白了做人和做学问的意义。"

据说，一生信奉"独立之精神，自由之思想"的现代史学大师陈寅恪也肯定过他的《青铜时代》。倘若将他们比较一下的话，那么，他堪称是影响历史进程的历史学家，而陈寅恪则是影响学人的历史学家；他著书立说有着浓烈的时代气息，有着极强的民本思想，陈寅恪则是一生不过问政治，超脱世俗；他曾剖析自己说，"我的从事古代学术的研究，事实上是娱情聊胜无的事。假如有更多的实际工作给我做，我倒也并不甘心做一个旧书本子里面的蠹鱼"，他不以做学问为目的，他注重自己的理论学说与社会实践的结合，与时代合拍，而陈寅恪先生则是典型的学者，做学问就是目的，所以坚持认为"士之读书治学，盖将以脱心志于俗谛之桎梏"；他的胆子比较大，表现在学问上，既有远见卓识,但也难免粗疏,在作品的数量上他远远超过陈寅恪,陈寅恪一生谨慎、严格、自律,一生著述只有二、三百万字,可谓"吟安一个字,捻断数茎须",陈寅恪的诗文,总是仔细推敲,认真琢磨,作品比较精细;这也是由他们的性格决定的:一个粗犷、豪放、通达,一个细腻、委婉、幽深。实践证明,他们在学术上的成就虽与日月争光可也。

他在《十批判书》的"后记"里说:"人生如登山。今天这句话对于我却有了新的意义。登山不纯是往上爬,有时候是往下窜。爬过了一个高峰要到达另一个高峰,必须窜下一个深谷。今天我或许已窜到了一个深谷的绝底里,我又须得爬上另一高峰去了。而比较轻快的是我卸下了一些精神上的担子,就是这五十年来的旧式教育的积累。"他勇于否定自己的过去,勇于舍弃(或者说扬弃),勇于从头学起、从头做起。他有一种写作的方法值得借鉴:先是将一本书翻来覆去地读上几遍,然后划出标记,再在本子上分类摘录。据说,他写作起来也就可以左右逢源了。

一个想有所作为的人,必须有自己独立的知识体系,有理论上的坐标,有自己的立场、个性、方法。

4

我想在他众多的书中,最耐读、最深入浅出、最有意义的要属他的《历史人物》了。这部写于 1942 年至 1947 年的著作,是他思想上最成熟的一部著作。他是由着自己的爱好和兴致来完成的,可谓下笔如有神。

他以人民为本位从事研究和创作。他对屈原的论述,可以看出他治史的能力,对历史材料的准确把握。屈原,一个遥远时代的悲剧恰恰成就了这位伟大的民族诗人。由比较而鉴别、而判断。在《论曹植》一篇里,他同时论及曹丕、曹操,剖析背景。他分析了同情心在欣赏文学作品中所起到的作用。文人为什么相轻?公道、正统的观念,公族与异姓。他虽然有些许的武断,但究竟以平实的口吻证实了刘彦和的评语:"文帝以位尊减才,子建以势窘益价。"他对隋代大音乐家万宝常的刻画,显示出他在中国古代音乐史上的造诣之深。在对待王安石的态度上,他是极其崇敬的。入之愈深,见之愈奇,爱之愈深。他曾有心将王安石、苏轼、司马光三人拿来写成一部《三人行》,他已经有了一个构思的轮廓,他们分别代表左、中、右;他认为像王安石那样见识过人的人,心境一定是寂寞的。

以史为镜,可以知兴衰。他写成于 1944 年 3 月 10 日的《甲申三百年祭》,不仅是告诫、警世,也是一种预言。历史有着某些惊人的相似。只有生逢大的时代,才会孕育那样的大手笔。天象示警,为什么个人的悲剧最终扩大成了民族的悲剧?改朝换代,屠戮功臣,藏弓烹狗……,守天下比打天下更难!

对与他同时代的学人,他对比着写了《鲁迅与王国维》,从他们所出生的环境,各自的性格,所受的教育,所接触的人,以及生活习惯、身体状况等方面进行了比较研究,属即兴之作。在对待王国维之死这一点上,他大致认可一种说法,即受了罗振玉的逼迫而走上自杀的绝路。对比陈寅恪先生在《对科学院的答复》一文中的观点,他似乎显得太拘泥于世俗了。陈寅恪说："我认为王国维之死，不关与罗振玉之恩怨，不关满清之灭亡，其一死乃以见其独立自由之意志。独立精神和自由意志是必须争的，且须以生死力争。正如词文所示，'思想而不自由，毋宁死耳'。斯古今仁贤所同殉之精义，其岂庸鄙之敢望。一切都是小事，惟此是大事。"(《陈寅恪的最后二十年》)从这一点上说，陈寅恪显然更理解王国维。

他还写了《论郁达夫》、《论闻一多做学问的态度》，表达出他对已逝者的怀念。——那是一个悲剧不断发生的，令人痛心的年代。

5

新时代到来了，他施展抱负和才华的机会也随之到来了。他注重行动，他不断地居于权力话语的中心，他的成就、地位、声望使得大多数人只能仰视；而在他去世多年以后，他开始被冷落了；转而，侧视者有之，窥视者有之，俯视者有之……甚而被少数人所诟病、指责。

(一)肉麻说。王元化先生谈他在《红旗跃过汀江》一文中称赞毛泽东的话："主席并无心成为诗家或词家，但他的诗词却成了诗词的顶峰。主席更无心成为书家，但他的墨迹却成了书法的顶峰……"认为"这话又说得何其肉麻！"如果排除偏见或个人恩怨的话，公正、冷静一点说，在那个年代，谁没有产生过那种感情？更何况与毛泽东有着知遇之恩的他呢！任何割裂开历史背景的判断，都是片面的。事后的聪明人人都有。当然，对肉麻这个词，不同的人会有不同的理解。郁达夫就曾在《一封信》里说，"我觉得艺术中间，不使人怀着恶感，对之能直接得到一种快乐的，只有几张伟大的绘画，和几段奔放的音乐，除此之外，如诗、文、小说、戏剧，和其他的一切艺术作品，都觉得肉麻得很。你看歌德的诗多肉麻啊……"

(二)牵强说。应该承认，在他的学术生涯中，《李白与杜甫》是他的败笔。但有人说他是仰人鼻息显然是过分的。他的诗人性格注定了他爱走极端。他的痛骂蒋介石与热爱毛泽东，和李白的憎恶武则天与歌颂唐明皇如出一辙。"安能摧眉折腰事权贵"的李白曾对唐明皇说："天皇朝政出多门，国有奸幸。任人之道如小儿市瓜，不择香味，惟拣肥大者。我朝任人如淘沙取金、剖石采玉，皆得其精粹。"从性格上说，他与毛泽东是同样地喜爱李白的人和诗。《李白与杜甫》是他的任性之作。

(三)粗疏说。针对他的考古学论文《〈曼坎尔诗笺〉试探》，许多人的批评是善意的。他的天真使他被这份伪造的唐代诗篇欺骗了。这种骗子过去有，现在将来都会有。

(四)抄袭说。根据是余英时所著的《钱穆与中国文化》，矛头指向《十批判书》。这是旧账新算。认为他的抄袭"不仅是资料的，而且还是见解的；不仅是部分的、偶然的，而且还是全面的、根本的"。以他的那种聪明、智慧，能干出那种蠢事？有那么多了解他、清楚他的学术价值的人，为什么不站出来说几句公正的话？那种用词恰当吗？一切不能不让人怀疑，也不能不促人深思。类似的观点和流言，在鲁迅先生身上也曾经发生过，后来证实了是无稽之谈。当年周恩来在他五十寿辰上，曾作了《鲁迅与郭沫若》的讲话；他逝世时，邓小平致悼词，将他当作是继鲁迅之后,中国文化战线上一面光辉的旗帜。现在,是应该有人站出来说几句公道话的时候了。

(五)关于信与诗的真实性问题。他是一位重大节的人,常常忽视了一些小事。这为极少数哗众取宠者埋下了伏笔。一个叫陈明远的人,将他写的"信"拿出去发表了,那究竟是不是他写的信,实在值得怀疑。比如说,"做人有两种,一种叫逢场作戏,那样,很快就能成功。另一种,叫自然流露。也很容易倒霉,甚至毁掉……"先说陈明远是个什么人。根据《中华读书报》(1996.10.2)上王戎笙和王廷芳的说法和史料证实,陈明远是一个伪造过毛泽东诗词、假冒过郭沫若署名出版诗集《新潮》和肆意伪造篡改他的书信的人。

丁东先生写了一篇《逢场作戏的悲哀》的文章,先是发表在湖南的《书屋》(1996 年第 3 期)杂志上,又被发行上百万份的《读者》(1996 年第 10 期)转载,流布不可谓不广了。除了前面例举的几条论点外,丁东同时还大量地引用了一些陈明远提供的经不住仔细推敲的书信,以证实他逢场作戏的悲哀。记得他在《十批判书》里的《古代研究的自我批判》一文中说过一段发人深省的话:"材料不够固然成大问题,而材料的真伪或时代性如未规定清楚,那比缺乏材料还要更加危险。因为材料缺乏,顶多得不出结论而已,而材料不正确便会得出错误结论。这样的结论比没有更要有害。"在丁东的笔下,他变得既卑琐、软弱、虚伪,又双重人格,活像个小丑。不知让多少不明真相的人疑问:他怎么会是这样的人?……当人们陷入枝节性的问题,就会"一叶蔽目,不见泰山"。

6

文学是生命最好的见证。在文学艺术、社会科学、历史研究等领域，他都多有涉及，多有贡献。

据说，当人们赞许他的成就的时候，他常常微笑着自嘲地说："十个指头按跳蚤，一个没按到呵。"

1966年春天，他也曾偏激地发言："我是一个文化人，甚至于好些人都说我是一个作家，还是一个诗人，又是一个什么历史学家。几十年，一直拿着笔杆子在写东西，也翻译了一些东西。按字数来讲，恐怕有几百万字了。但是，拿今天的标准来讲，我以前所写的东西，严格地说，应该全部把它烧掉，没有一点价值。"(原载《光明日报》1966.4.28)话说得太过火了，他同样伤害过一些无辜的人，比如胡风。

但评价人要全面。总的来说，他一生的信仰：一是人民本位，一是做时代的号角。他说过："要我做喇叭，我就做喇叭。"这也就预示着当时代进步的时候，他走在前面；当历史退步的时候，他就跟着落伍了。他的命运与时代紧密相连。当那场浩劫降临时，他也在劫难逃。他个人的悲哀在晚年体验得尤为深刻。他信奉"士为知己者用"的观念，他牺牲了自己的个性，投入到时代中去了。

7

1996年的初春，我参观过他在北京的故居。院子里冷冷清清的，有些空旷、寂寞。我静静地坐在一把长椅上，看夕阳西下，听群鸟争鸣。有几棵高大、粗壮的树是常青的，就像他的生命。

在他的卧室、书房里，有一双布鞋，是他常穿的，朴素、清洁；书桌上有一盏老式台灯；还有几本日记，是孩子的遗物。在老年丧子的哀痛中，他不时地抄录着那几本日记，心境苍凉、悲伤……他没能尽到做父亲的责任，"文革"中他连自己的孩子都无力保护，他有一种沉重的内疚……他晚年经常一个人在院子中孤独地散步，孤独地思索……在他的一生中，平静、安逸的日子太少了，他每天都在开拓着生活和自由，不断地否定着自己的过去，从不满足。他已经习惯了动荡和漂泊，他手中的笔就是他的旗帜。他为理想奋斗了一生。

他走得过于仓促了。一切才刚刚开始。他有许多话没有来得及说，许多文章没有来得及写，许多事情没有来得及做，否则，以他过人的勇气和胆识、阅历和才华，一定会揭示出更多历史的真实。

吴宓、陈寅恪

空 谷 足 音

1

我在寂静的山谷里走,周围没有人,我听到一种期待已久的声音,我看见步履维艰的老人,从山谷深处走来……

我在夜深人静的时候,读《陈寅恪的最后 20 年》(陆健东著,生活·读书·新知三联书店出版),读《心香泪酒祭吴宓》(张紫葛著,广州出版社出版),我有过那种幻觉。

风,阴森森的,鸟在空中掠过,野兽在丛林出没;老人拄着拐杖,慢慢地移动着,痛苦地沉思着,"膑足"、双目失明,在生命最后的岁月里,什么自由思想、独立精神,一切都失去了。惟余一死。

我想写出那种苍凉的感觉。陈寅恪在《对科学院的答复》一文中说:"士之读书治学,盖将以脱心志于俗谛于桎梏。"然后却是"聊作无益之事,以遣有涯之生"。同是天涯沦落人,吴宓感唱:"天降其殃,犹可说也;自作之殃,不可说也。"

我无力概括他们的一生,更无力陈述他们在学术上的造诣。我只能以点点滴滴的札记,表达一种情怀,纪念两位杰出的学者。

2

我曾经在周国平的一篇散文里,读到他引用的吴宓在《文学与人生》中写下的一段话:

把我自己的——我的所读所闻,我的所思所感,我的直接和间接人生经验中的——最好的东西给予学生。

从那以后,我就开始找《文学与人生》这本书,想多了解一些吴宓的为人为文。吴宓的精神感动了我。作为30年代清华大学的教授,他渴望将最好的知识给予学生,那么经过半个多世纪以后,作家、艺术家们又将什么样的精神食粮给予读者呢?

读最好的书,交最好的朋友,治最好的学问,做最好的事情……,我演绎着吴宓的话,浮想联翩,同样是大学者,钱钟书的学问博大、深厚如城墙,对一些创作者形成难以逾越的障碍;吴宓悠长如一座桥梁,使初学者、幼稚者、成长者从此岸到彼岸,追求一种浪漫的人生。

吴宓的苦难,概由于此。50年代初,也就是陈寅恪在广东写《对科学院的答复》之后,吴宓在四川自订几项约法:

一曰:凡年稚于我之男女教师、职工、大学诸生,对我施以批评,不论其言词何等激烈,措辞如何不敬,所言事实何等出入,余均应静心听取,切切不可不怿于怀。更不可背后反唇相讥。

二曰：绝不忽略任何一个机会，哪怕是极为微小之机会，将自己之知识，传授于后生，裨益其上进。知识求之不易，岂可令其淹没不传而与草木同朽？凡遇传授知识之机会，务须勇往直前，不畏艰险。

三曰：更为坚信"人之初，性本善"。对领导、同志、诸生，概奉此一基本信念对待之，即将余平生待人信念——宁使天下人负我，勿使我负天下人之信念，扩而大之，推而广之。

我在抄录原文的时候，想到了堂吉诃德和武训。

3

对于历史人物，认识的最好的方法，莫过于比较。在唐代诗人中，像李白与杜甫，白居易与元稹，有比较，则有鉴别，有真知。对原作的解读，则有助于了解其人的境遇、思绪。

与吴宓相比，一方面陈寅恪要更幸运，广东毕竟不同于四川，那里的人思想要开明得多。另一方面在学术上、在历史背景上，陈寅恪也都优越于吴宓。陈寅恪重在创造与发现，他的《论再生缘》竟唤起了郭沫若的兴致。郭沫若读了《再生缘》原著后感慨道："我这年近古稀的人感受到十几岁时阅读《水浒传》和《红楼梦》那样的着迷。"而吴宓则重在传播文化，他想"为寅恪兄编述一生之行谊、感情及著作，写行年谱、诗集等"。未能如愿。陈寅恪在60年代初有《赠吴雨僧》(即赠吴宓)绝句四首，其一曰：

问疾宁辞蜀道难,相逢握手泪执澜。

幕年一晤非容易,应作生离死别希。

如果将郭、吴、陈三位比较的话,可谓左、中、右。郭是以万变应万变,吴是以百变应万变,陈是以不变应万变。

在学术界流传有一副对子,上联为郭咏:"壬水庚金龙虎斗",下联为陈合:"郭聋陈瞀马牛风"。

4

我不是一个迷信的人,但我相信有的人靠聪明智慧,以及敏锐的洞察力,对事物有预测其发展的能力。

从《心香泪酒祭吴宓》一书中,我感悟到三个奇妙的预言。

一是吴宓的自知之明。他的三个二十八年的过程。以《易》学推断而出,享年 84 岁。第一个是从 1894 年 8 月 20 日出生于陕西省泾阳县安吴堡至 1921 年留美归国;第二个从任大学教授至 1949 年解放;第三个终至于 1978 年 1 月 17 日。

二是吴宓的知人之智。相面看人,真应验了他的话。1951 年,他在重庆见过邓小平一面,便对张紫葛私下里说:"我早从像片上给他相了面,认定这个人有管仲、周公之贤。昨日亲睹细相,呀,实乃不世之才。""30 年间,当有移星转斗之功!"

　　三是周邦式为江青测字。"曲终人不见,江上数峰青。"结局不好。从姓名笔画学看,江六笔,青八笔,上六下八,图形不佳。

　　虽然,有点巧合,有点宿命论的意味,但由此也不能不承认,人是奇特的,在心理、生理诸多方面还有待于研究。

5

　　当我们倾慕于一个人的学问时,那么他所倾慕的作品,也一定值得我们学习。

　　历史学家易于怀旧。感情沉湎于过去,以逝者的目光审视过去,往往能深刻地把握过去。陈寅恪晚年致力于明末清初的历史,他将居室定为"金明馆",他很欣赏柳如是的词《金明池·咏寒柳》:

　　有恨寒潮,无情残照,正是萧萧南浦。更吹起,霜条孤影,还记得,旧时飞絮。况晚来,烟浪迷离,见行客,特地瘦腰如舞。总一种凄凉,十分憔悴,尚有《燕台》佳句。

　　春日酿成秋日雨,念畴昔风流,暗伤如许。纵饶有,绕堤画舸,冷落尽,水云犹故。忆从前,一点东风,几隔着重帘,眉儿愁苦。待约个梅魂,黄昏月淡,与伊深怜低语。

　　从这首词,他判断出:"河东君学问嬗变。身世变迁之痕迹,即可于金明词一阕,约略窥见。"

我读《陈寅恪的最后二十年》，被陈寅恪的治学精神所感动，被他的"不降志、不辱身"、"固未尝侮食自矜，曲学阿世"的思想境界所打动，我想再多读一些陈先生著的或写陈先生的书。《陈寅恪文集》(上海古籍出版社 1980 年版)，当视为必读书。而且有机会到广州去的时候，一定要到中山大学陈寅恪故居去看一看，先生在那里，在双目失明的困境中，竟创作完成了长达 80 万字的《柳如是别传》!

6

大的作家，无一不是学者;大的学者，也无一不是作家。

我读《心香泪酒祭吴宓》，还有两点印象比较深，一是吴宓谈论鲁迅的话题;二是论治学之道的"四大皆实"。

吴宓早年主编《论衡》，与鲁迅有过思想上的冲突，新与旧，激进与保守⋯⋯，但后来他在谈起鲁迅的小说时说:"从反封建、从鞭笞历代黑暗政治来看，可以认为，《狂人日记》是鲁迅的代表作。但是，论作品的魅力源，概括生活之高度精练，论写作技巧之火炼纯青，鲁迅之代表作当推《阿 Q 正传》⋯⋯我曾经向一位外国朋友说笑话:如果把《阿 Q 正传》的题材拿给托尔斯泰，他可能写成上、中、下三卷一大部;拿给巴尔扎克，他可能写成五部人间喜剧:阿 Q、小 D、吴妈、赵太爷一家与假洋鬼子。"他认为，"为学之道，必广博始能渊深"。

他的"四大皆实"论:一曰勤奋。二曰谨严。三曰诚意正心，格物致知。四曰讲究方法。观点虽然并不新颖，但纵观一切成功者，概出于此。

7

陈寅恪和吴宓的晚年都是痛苦的。痛苦如果发生在一个人的青年时代，那么也许会是一笔财富，但对于两位老人来说，却是致命的。

甘少苏在《宗岱和我》一书中，记录了陈寅恪在文革中的悲剧：

那时候，挨整的人及其家属都特别害怕高音喇叭，一听到高音喇叭声，就颤颤兢兢，因为红卫兵经常用高音喇叭通知开会，点人出来批斗、游行……，历史系一级教授陈寅恪双目失明，他胆子小，一听见喇叭里喊他的名字，就浑身发抖，尿湿裤子。就这样，终于活活给吓死了。

1969 年 10 月 7 日，历史大师陈寅恪合上了自己早已双目失明的眼睛。值得安慰的是，女人的爱始终守护着他，给他体贴和关心，并且还有一部心血之作《柳如是别传》。而吴宓没有这些，妻离子散，孤苦伶仃……如果说女人给陈寅恪更多的是幸福，那么给吴宓更多的则是耻辱。

吴宓于 1978 年 1 月 17 日在陕西泾原县原籍去世。

那一年，我在北方的一所中学加入了"红卫兵"，大概是最后一批了。

我曾经问自己，如果我早出生二十年的话，也会去批斗像陈寅恪、吴宓那样的学者、专家吗？

那已经不仅仅是一个人的悲剧，而是整个时代的悲剧。每一个有良知的人，都应该铭记住那个人为的、灾难的时代。

徐志摩、戴望舒

人 与 诗

1

多年以前,我开始阅读现代诗的时候,曾朦朦胧胧地将徐志摩和戴望舒当成一个人,他们相似的地方很多,什么寂寞、伤感、忧郁……,当我逐渐将他们区别开的时候,我看到许多差异。

我的直觉不会欺骗我。除了几首诗,我不太喜欢徐志摩,他太聪明,太优越,太浮躁,表现在诗上,近乎滥情。他在英美受过正规教育,学院味很浓,所谓的绅士风度。他的诗是漂浮的,缺少深度,不够凝重。我读他的诗觉得他风流倜傥,却很少感动,他以智力营造诗,而不是用心血创造诗;他缺少某种真诚,他最好的诗也仅仅停留在爱和欲望的层面上,很少触及灵魂。他追求世俗的幸福,把一个爱慕虚荣的女人塑造成偶像,美化她,歌颂她,为她献上所有的玫瑰花,为她可以不顾一切,然后,再打碎她,让自己失望、痛苦、悲观,不知道风从哪里吹,不知道自己的悲剧恰恰是自己酝酿的。

与徐志摩相比,戴望舒要亲切、朴实、细致得多。他的诗歌更有情调,更温馨,更易于打动人心。他的感觉是微妙的,那些美好的情怀,行将消失的爱情,对未来生活的向往,都潜移默化地影响着读者。他的诗随时代的演变与自我的不幸遭遇而升华。他走出了象牙塔,直面人生;走出了那条阴悒、缠绵的雨巷,走向更广阔的社会舞台;从消极、被动的生存境遇中,转入积极、主动的氛围里,他用残损的手掌写下了热情、光明的诗篇。他是我喜爱的一位诗人,他的诗中,有一种心事,正是许多人都曾经想过的。

2

中国现代文学史上出生于江苏、浙江的作家、诗人特别多。徐志摩1896 年 1 月 15 日生于浙江海宁,戴望舒祖籍江苏南京,1905 年 11 月 5 日生于杭州。他们先后在杭州读中学,又分别在上海读过大学,再之后,徐志摩到英美留学,戴望舒往法国留学,青年时代,他们的经历是相似的,同样写诗,搞翻译,同样多愁善感,同样才华横溢。

我曾经将他们两个人的照片放在一起,西装革履,俊逸潇洒,长得有点像。徐志摩阴悒,戴望舒忧郁,诗人的气质都很浓,都显得异常超脱。目光炯炯有神,似乎看破红尘,看穿人情世故,功名利禄。两人都是悲剧人格。心事重重,看不到微笑。

在诗歌创作上,他们是光彩夺目的,但在生活中却是黯淡不幸的。1931 年 10 月,徐志摩在《诗刊·弁言》中,提出讨论“诗艺”的八条:“一、作者各人写诗的经验;二、诗的格律与体裁的研究;三、诗的题材的研究;四、‘新’诗与‘旧’诗、词、曲的关系的研究;五、诗与散文;六、怎样研究西洋诗;七、新诗词藻的研究;八、诗的节奏与散文的节奏。”

一个多月后，即 11 月 19 日，他从上海回北京途中，在济南飞机失事，遇难身亡，年仅 35 岁。诗人短命。1950 年 2 月 28 日下午 1 点，戴望舒猝然病逝，只喊了声："快去找医生！"终年 45 岁。

3

徐志摩的《沙扬娜拉》与戴望舒的《雨巷》有异曲同工之妙。

《沙扬娜拉》，徐志摩 1924 年 7 月作，选入 1928 年 8 月出版的《志摩的诗》一书，副题是赠日本女郎。日语再见的音译。原诗一至十七节删去，仅存第十八节，即：

最是那一低头的温柔，

像一朵水莲花不胜凉风的娇羞，

道一声珍重，道一声珍重，

那一声珍重里有甜蜜的忧愁——

沙扬娜拉！

那一年，徐志摩 28 岁。拜伦逝世一百周年。泰戈尔访华，他任翻译。梁启超赠他一副对联："临流可奈清癯，第四桥边，呼棹过环碧；此意平生飞动，海棠影下，吹笛到天明。"以概括他的性格。后他与陆小曼相识，投入热恋。

徐志摩阅历丰富，他的诗是过来人的体验，重温一种感情；而戴望舒的《雨巷》则是一个青年人对爱情的希望和期待；前者在写实中怀旧；后者在想象中抒情。戴望舒发表《雨巷》时，才二十三岁，他的诗是口语化的，诗的第一节也即诗的核心：

> 撑着油纸伞，独自
>
> 彷徨在悠长，悠长
>
> 又寂寥的雨巷
>
> 我希望逢着
>
> 一个丁香一样地
>
> 结着愁怨的姑娘。

戴望舒生性单纯，他真实、朴素地写出了青年人对爱情的向往，诗给人以初恋时的那种神秘与美感。对于那时的两位诗人来说，打个比喻，徐志摩是"再婚"，戴望舒是"初恋"。

4

徐志摩——"我不知道风是在那一个方向吹"；戴望舒——"我呢，我是比天风更轻，更轻，/是你永远追随不到的"。从诗艺上说，一个轻快、游移，一个沉静、朴实。在生活上，一个爱得挚热、愉悦，一个爱得平和、苦涩。一个生活本身比他的诗更能打动人，另一个恰恰相反。

徐志摩的诗情是来得快，去得也快。春风得意，花前月下，对酒当歌。他的《再别康桥》，甚至可以当成他的遗书，或墓志铭。命运不可捉摸。他在空中遇难，他三年前写的那首诗应验了。

　　轻轻的我走了，

　　正如我轻轻的来；

　　我轻轻的招手，

　　作别西天的云彩。

除了他的诗文，一切生不能带来，死不能带去。这一首诗如天籁，不是人工所能写的。真可谓此诗只应天上有。冥冥之中验证了他人生的归宿。

徐志摩的诗没有大的起伏变化，似乎一生都在写一首诗，是分成了若干章节而已。这可归于他的早逝。而戴望舒的波动、转化要明显得多，他的入狱，既摧残了他的肉体，也改变了他的精神，以前那个温情脉脉、爱得含蓄的青年诗人消失了，他不会再写像《烦忧》那样的诗了，什么——

　　说是寂寞的秋的悒郁，

　　说是辽远的海的怀念。

　　假如有人问我的烦忧，

　　我不敢说出你的名字。

真实的苦难消除了一切浪漫的幻想。1942年春,他在日本人造的
监狱中,失去自由,他写下《狱中题壁》:

如果我死在这里,
朋友啊,不要悲伤,
我会永远地生存
在你们的心上。

5

在诗歌创作上的成就而不同程度地遮盖了他们其他方面的声名。
其实,他们的散文同样出类拔萃。

徐志摩在《海滩上种花》中说,"朋友是一种奢华"。"智慧是地狱里
的花果,能进地狱更能出地狱的才采得着智慧。"他是一个风流才子,
他的心理时常倾斜,欲望很难满足。但他不虚伪,他什么话都可以说,
这一点与他中学时的同学郁达夫有某种相似。他赤裸裸地说:"一半因
为看多了的缘故,女人肉的引诱在我差不多完全消灭在美的欣赏里
面,结果在我这双'淫眼'看来,一丝不挂的女人就同紫霞宫里翻出来
的尸首穿得重重密密的摇不动我的性欲,反面说当真穿着得极整齐的
女人,不论她在人堆里站着,在路上走着,只要我的眼到,她的衣服的
障碍就无形地消灭,正如老练的矿师一瞥就认出矿苗,我这美术本能
也是一瞥就认出'美苗',一百次里错不了一次……"(人民文学出版社

《徐志摩选集》、《巴黎的鳞爪》，这就是典型的徐志摩的自画像，毫不掩饰内心强烈的欲望。他如放纵的野马，诗也一样。

比起徐志摩来，戴望舒是收敛的，他性格内向，人与诗一致，含蓄、简洁，像宋词似的柔情似水。做人与作文都比较严谨，同样写巴黎，徐志摩沉湎于声色犬马之间，而戴望舒的赏心乐事则是：一看画，二访书。他对巴黎的书摊情有独钟。他身上有一种农夫才有的纯朴，他在《山居杂缀·失去的园子》里，怀念过去的一个小小的园子，自己拓荒，耕耘，播种，收获……，临海而居，那是属于他自己的一片园地。如果他们还活着的话，那么无论从感情上还是从理智上说，我都更敬重戴望舒，他内心秀美；而徐志摩则是放荡不羁的。

6

在评论他们的文章中，我比较愿读茅盾的《徐志摩论》和艾青的《望舒的诗》。

徐志摩是一位复杂的诗人。怀疑、颓废、漂浮。茅盾写于1932年的这篇文论，称他是"中国文坛上杰出的代表者，志摩以后的继起者未见有能并驾齐驱"，又称他为"末代的诗人"。话不可谓不重了。

戴望舒是一位纯粹的诗人。艾青在1956年对他的论述是否定早期创作，肯定后期作品。艾青说："构成望舒的诗的艺术的，是中国古典文学和欧洲文学的影响。他的诗，具有很高的艺术魅力。他的诗里的比喻，常常是既新鲜又适切。他所采用的题材，多是自己亲身所感受的事物,抒发个人的遭遇与情怀……"

他们都曾从事过翻译,徐志摩译过伏尔泰的小说,戴望舒译过洛尔伽的诗。

7

盖棺论定,历史是不能假设的。在徐志摩的心目中,拜伦、雪莱是他敬仰的人物,他们都死得太早,拜伦 36 岁,雪莱 30 岁,他只有 35岁,像一颗流星,稍纵即逝。他没能像他接触过的哈代、泰戈尔那样有着漫长的文学生涯。很难想象,他如果多活几十年会怎么样。

戴望舒更接近法国象征派的诗人魏尔仑、兰波,有流动的音乐美,正如他自己在《诗论零札》中所说的,"真的诗的好处并不就是文字的长处"。他处在了从一个现代派诗人到"人民诗人"的转折中,苦难教育了他,他的信仰找到了寄托。他在香港的生活是窘迫的,有一段时间,他寄居在叶灵凤家里,内忧外困,婚姻不幸,他对朋友说:"不想在香港住下去,决定要到北方去,就是死,也要死得光荣一点。"(《戴望舒在香港》卢玮銮)那一年,他 44 岁,一年后在北京病逝,灵柩安葬在北京香山万安公墓。墓碑上刻有茅盾手书:

"诗人戴望舒之墓"

林语堂

我 行 我 素

1

中国现代文学史上,像林语堂那样我行我素、自由自在、无所不谈、著作等身的作家,寥寥无几。

他 1895 年生于福建省漳州府平和县坂仔村。他在晚年说自己是一个十足的乡下人。他既单纯,又复杂;既传统,又现代;既逃避,又抗争……他说自己是"行为尊孔孟,思想服老庄,这是我个人自励的准绳。文章可幽默,做事须认真。也是我律己的名言"。

他的一生是在迁徙中度过的。但从容、平静,有余裕心,尽量将自己爱好的事情做好。他从乡下,到厦门,到上海,到北京……广泛涉猎;然后,到美国,到德国……学贯中西,他的优势是一面对外国人谈中国文化,新鲜、精粹、猎奇;另一面又对中国人谈西方文化,自由、人性、民主,诸如此类。"中为洋用,洋为中用。"

1936 年,他全家赴美;1966 年,返台定居;1975 年被提名为诺贝尔文学奖候选人,落选;1976 年在香港病逝,享年 81 岁。

以性灵为主,以事业为主;不管别人说什么,只管走自己的路。

2

一个人想我行我素,必须有资本。对于学人,那就是智慧、知识、才华,否则,一切都是虚妄的。

他有这种资本。他的文学创作的数量和质量,足以证实他的价值。远一点说,台湾曾出版《林语堂经典名著》,有二十多种;近一点说,北京作家出版社印的《林语堂文集十卷》,即《京华烟云》(上、下)、《红牡丹》、《风声鹤唳》、《朱门》、《苏东坡传》、《武则天正传》、《生活的艺术》、《吾国吾民》、《八十自述》、《散文》。

在他的书中,我最愿读的,一是他的一部分至性至情的小品文;再就是他的两本传记,一是关于文人的典范苏东坡,二是女人的魅惑、暴虐、纵欲之集大成者武则天。前者使人敬仰、倾慕,后者令人鄙夷、憎恨。

3

散文,就像说话,很容易,也很难。如果一个人没有一种参照,没有坐标,那么他便难以定准位,不知道自己是谁,写到什么程度。

他理想中的散文,"乃得语言自然节奏之散文,如在风雨之夕围炉谈天,善拉扯,带情感,亦庄亦谐,深入浅出,如与高僧谈禅,如与名士谈心,似连贯而未尝有痕迹,似散漫而未尝无伏线,欲罢不能,欲删不得,读其文如闻其声,听其语如见其人"。(《小品文之遗绪》)

余光中在《剪掉散文的辫子》一文中,则将散文分为四类:一、学者的散文;二、花花公子的散文;三、浣衣妇的散文;四、现代散文。余光中说:"真正丰富的心灵,在自然流露之中,必定左右逢源,五步一楼,十步一阁,步步莲花,字字珠玉,绝无冷场。"

言之有物,敬惜字纸。

我读林语堂的《论文》,不由得击节叹赏。他说:"文章者,个人之性灵之表现。性灵之为物,惟我知之,生我之父母不知,同床之吾妻亦不知。然文学之生命实寄托于此。"又道:"凡人作文,只怕表情不诚,叙物不忠,能忠能诚,自可使千古读者堕同情之泪。"对照时下的散文,无病呻吟者有之,矫揉造作者有之,故弄玄虚者亦有之,皆为不忠不诚。做人不能益世,作文谈何感人。

4

爱慕他为文的境界,就想知道一些他对书的看法,他读书的态度,他的内心历程。

他在《读书的艺术》和《论读书》两篇随笔中,道出了读书之乐、之趣、之痛。他最欣赏的两个读书人是古代女诗人李清照和她丈夫赵明诚。"故虽处忧患困穷,而志不屈,……收藏既富,于是几案罗列,枕席枕籍,意会心谋,日往神授,乐在声色狗马之上。"(李清照《金石录后序》)对一本好书的爱,就像对初恋的情人一样,书能读不好吗?兴趣、爱好是读书人的向导,她引导人走出低谷,到达光辉的彼岸。

人有两种最根本的需求,即灵与肉的需求。灵魂需要知识的浸润,需要理想的指引,需要勇气、信心;肉体则离不开饮食男女。一切出于本能。读书是心灵的活动,是雅事、乐事。书,无时不可读,无地不可读。读书是一种嗜好。无嗜好之人不可交。不读书之人语言乏味、面目可憎。能感化人之书,也即读书人与著书人性情相近之书。

每个人都可能具有双重人格。最激烈的,可能会最平和;左派可能一夜之间变成了右派;像上帝一样思索的人,却像市民一样生活。每个人的身上,都是鬼气与神气并存,精神和欲望并重,但人的自觉、自律、自信心的差异;使人与人区别开了。有的升华,有的平平庸庸,有的堕落……

我很敬仰鲁迅先生那种为民请命、抗争到底的战士神采,同时,我也喜欢林语堂的超然、淡泊的雅士风度。他在《言志篇》里的叙述,也正是我所向往的。其中片断,兹录于下:

我要一间自己的书房,可以安心工作。并不要怎样清洁齐整。……袁中郎有言,"读不下去之书,让别人去读"便是。

我要一套好藏书,几本明人小品,壁上一帧李香君画像让我供奉,案头一盒雪茄,家中一位了解我的个性的夫人,能让我自由做我的工作。酒却与我无缘。

我要院中几棵竹树,几棵梅花。我要夏天多雨冬天爽朗的天气,可以看见极蓝的青天,如北京所见的一样。

我要有能做我自己的自由,和敢做我自己的胆量。

5

　　读他的书，想了解他与同时代人的关系，尤其是与鲁迅先生的相识、相知、相别……，他对鲁迅的论述，以及胡风对他的评论。

　　在我读过的写鲁迅先生的短文中，还没有哪一篇能超过他的《鲁迅之死》。以不足二千字的文字，而概括先生的为人为文，可谓恰如其分。

　　他说："鲁迅与我相得者二次，疏离者二次，其即其离，皆出自然，非吾于鲁迅有轻轩于其间也。吾始终敬鲁迅；鲁迅顾我，我喜其相知，鲁迅弃我，我亦无悔。大凡以所见相左相同，而为离合之迹，绝无私人意气存焉。"我手头没有确切的资料，我想，他所说的相得者两次，大概一次是指他追随鲁迅，为"语丝派"大将，与"未来的官场学者"笔战；另一次是他邀鲁迅至厦门大学讲学，使先生暂时远离了一种困境。而疏离者两次，大致地说，一是因为他的"论语派首领"的幽默、闲适的观点，与烽火年代、苦难岁月相悖；二是他的没有明确立场，放逸、逃避的兴趣，再加之小人从中离间，与先生的分歧，也就愈加明显了。总之，还是因为性格的差异。

　　他又说："鲁迅与其称为文人，无如号为战士，战士者何？顶盔披甲，持矛把盾交锋以为乐。不交锋则不乐，不披甲则不乐，即使无锋可交，无矛可持，拾一石子投狗，偶中，亦快然于胸中，此鲁迅之一副活形也。德国诗人海涅语人曰，我死时，棺中放一剑，勿放笔。是足以语鲁迅。"他与鲁迅先生最大的区别就是战士与文人的区别。

　　胡风的《林语堂论》，写于 1934 年，其中有一段话，流露出一种信息：

　　我们当然不愿意林氏染上什么俗不可耐的"方巾气"，但如果有一天他居然感到了"沉痛"与"幽闲"之间的矛盾，那就是一个非常可喜的消息。

　　鲁迅与胡风的关系是密切的，那"我们"是不是也包括鲁迅呢？

6

　　也许到了一定年龄，更务实了吧；也许是从事新闻工作的缘故吧；总之，我比以往更爱读人物传记了。像普鲁塔克的《希腊罗马名人传》、《傅译传记五种》(《夏洛外传》、《贝多芬传》、《弥盖朗琪罗传》、《托尔斯泰传》、《服尔德传》)、欧文·斯通的《梵高传》、《心灵的激情》……，像司马迁的《史记》、郭沫若的《历史人物》、冯至的《杜甫传》、林语堂的《苏东坡传》、《武则天正传》……从中得到许多启迪。

　　在林语堂的笔下，苏东坡无疑是中国历史上最有魅力、最有文采的男人之一。他有过不少愤世嫉俗的议论："在任何政治斗争中，正人君子必败，而小人必占上风，因为正人君子为道义而争，而小人则为权力而争，结果双方必各得其所，好人去位，坏人得权。"

　　苏东坡有一段名言："处贫贱易，处富贵难。安劳苦易，安闲散难。

忍痛易,忍痒难。人能安闲散,忍富贵,忍痒,真有道之士也。"

而武则天,则真可谓天下最可怕、最凶残、最蛮横、最无耻的女人。她外貌的妩媚与她内心的暴虐,形成强烈的反差。仅从"武后谋杀表"中所列的那几页人名,就很值得人去深思了。读这本书,感到一股阴森的气息,世上竟有如此的女人。

我看他的传记,看他对孔子、孟子、李清照的论述,竟突发奇想,他应该分别为他们写一本传记,那么,我们就有幸看到两位伟男子,一位才貌双全的女子了。他完全有这样的能力,但他没有写。

7

我觉得所谓的读书人,也就是那种寂寞的拾荒人,他们有所发现,有所取舍,有所牺牲。他们是孤独的。他们将死在路上。

一本书的导读,在于序跋。我曾有心将鲁迅先生所写的序跋编成一本书,我觉得那一定很有意义。我读他写的序,比如《大荒集》序,有些话就非常感人,他说:"有时偶然得一好书,或发见一新作者,则欢喜无量,再读三读而获益无穷。……我相信,凡读书的人都应如此,必须得力于一家,不可泛览博学而无所成名。曾子高于子夏,就在这一点。读书应取其性情相近而精读之,才容易于见解思想上有所启发,如此时久日渐,自然也可有成就。"

他是这样一个人,不守旧,不凝滞,不闭塞。哪里适宜于自身的发展,就到哪里去……寄情自然,享受生命,我行我素。

闻一多

以 死 抗 争

　　真的猛士,敢于直面惨淡的人生,敢于正视淋漓的鲜血。这是怎样的哀痛者和幸福者?然而造化又常常为庸人设计,以时间的流驶,来洗涤旧迹,仅使留下淡红的血色和微漠的悲哀……

——鲁迅

　　1926 年 4 月 1 日,鲁迅先生为纪念遇难的刘和珍君写下这段话时,闻一多还是一个"为艺术而艺术"的青年诗人,他还不能理解鲁迅的为人为文。他为自己建起了一座象牙塔,追求的是唯美主义。他那时热爱着济慈,沉迷于诗中。他曾将丁尼生的诗句作为《剑匣》的题词:"我给我的灵魂建筑一座高贵而快乐的宫殿,让人们能够舒适安闲地住在里边。"

　　就在鲁迅写痛心的文字的那一天,徐志摩发表了他的《诗刊弁言》:"我在前两三天才知道闻一多的家里实在是一些新诗人的乐窝,他们常常会面,彼此互相批评作品,讨论学理,上星期六我也去了,一多是三间画室,布置的意味先就怪,他把墙壁涂得墨黑,狭狭的给镶上金边,像一个裸体的非洲女人手臂上脚踝上套着细金圈的情调。……夜间黑影与灯光交斗,幻出种种不成形的怪像。"徐志摩是他的朋友,他后来也加入到"新月派"中去了。

他不断地写诗,为灵魂寻找华屋。他以为是济慈唤醒了他的诗意。他也想将自己的名字写在水上。他与济慈有着相近的体验:"有一个充满欲望的春天,在此刻,明晰的幻想把所有能吸收的美都吸收进来了。"他向自己的内心挖掘,他感受到"一件美好的事物永远是一种快乐"。(济慈《恩底弥翁》)

一个出身书香门第,留过学的,爱幻想的青年诗人、画家,他忧郁、伤感。他说:"我也憔悴得同深秋一样。"他写红烛闪烁出微弱的火光;他看到"你流一滴泪,灰一分心。/灰心流泪你的果,/创造光明你的因。/红烛啊!/莫问收获,但问耕耘"。从他的诗,可以想象他的人。他善良,有同情心,他与徐志摩不同。徐志摩的身上多一些贵族、绅士的派头,而他具有平民意识,有一种十分可贵的底层感,他饱尝了被人歧视的滋味,他的《洗衣歌》是一首绝唱。在美国,华侨最普遍的职业是出卖苦力,为人洗衣,作为中国留学生常常被人问道,"你爸爸是洗衣裳的吗?"他的心受到了强烈的刺激,他懂得了贫富之间的差距,种族的歧视,他说:

(一件,两件,三件,)

洗衣要洗干净!

(四件,五件,六件)

熨衣要熨得平!

我洗得净悲哀的湿手帕，

我洗得白罪恶的黑汗衣，

贪心的油腻和欲火的灰，……

你们家里一切的脏东西，

交给我洗，交给我洗。

铜是那样臭，血是那样腥，

脏了的东西你不能不洗，

洗过了的东西还是得脏，

您忍耐的人们理它不理？

替他们洗，替他们洗！

……

你也说这有什么大出息——

流一身血汗洗别人的汗？

你们肯干？你们肯干？

……

　　在苦涩中，他含着泪反复地吟咏着内心的伤痛。贫弱的国民，不幸的学子，在美国白种人的眼里，又算得了什么呢？

　　写诗是一件美好的事务。他在学校的作业本上写满了诗。诗使他呼吸到了自由、爱的气息。他写"青春像只唱着歌的鸟儿"；他讴歌真与美。他想做一个诗神的圣徒。当生命满怀诗意的时候，不论以什么形式写作,都是诗。他说,真是生活惟一的知己。

把死视为高尚人生的完成。在他的诗歌中,死是一个永恒的话题。他笔下的死意味着生命的再生和复活。

展玩我这自制的剑匣,

我便昏死在他的光彩里。

——《剑匣》

为一种理想而死,神圣、高尚、庄严。他相信灵魂不灭,记忆不死。

你若赏给我快乐,

我就快乐死了;

你若赐给我痛苦,

我也痛苦死了;

死是我对你惟一的要求,

死是我对你无上的贡献。

他将艺术看得高于一切。他引王尔德的话说,"自然中有美的时候,是自然类似艺术的时候"。他将死看得高于一切。他把破碎的珠子,挂在死者胸前。他有时会把诗写得不像诗。他的古怪的思想,像蝙蝠一样飞;一条负伤的蛇,爬过他的窗前;他说,"相思是不作声的蚊子,偷偷地咬了一口"。"古怪的爱人啊!我梦时看见的你,是背面的。"他甚而觉得"苍蝇似的思想，垃圾桶里爬"。他是一位诗人，他知道固执与狭隘是诗的致命伤。

　　许多人也曾写到过死，但没有谁像他那样频繁地使用这个词。

　　……死！你要来就快来

　　快来断送了这无边的痛苦！

　　　　　　　　　　　　　　　——《十一年一月二日作》

　　他那时年轻而充满活力。他经常冥想死亡，这使他更加清楚活着的意义。他还说，"死是我的休息，死是我的刑罚"。他创作《葬歌》。他呐喊着："死神的咆哮。/静夜！你如何能禁止我的心跳。"

　　他执着地追求过了。他说："我们再走，管他是地狱，是天堂。""忘掉她，像忘掉一朵花。""我的家乡不在地下，乃在天上。"他的思想和情感都孕含在他的诗中。读他的诗，也就是读他的心灵历程。

　　他在《闻一多先生的书桌》里写到了书桌的静物：墨盒、字典、信笺、钢笔、烟灰、毛笔、火柴、铅笔、牙刷、香炉、书、大钢表……，都被人格化了，他说，"生活若果是这般的狼狈，倒还不如没有生活的好！"他身穿破衫、长髯飘拂，咪咪地笑着说："一切的众生应该各安其位，我何曾有意的糟踏你们，秩序不在我的能力之内。"他以白描的手法刻画出自己的心境。

　　而他影响最大，最有代表性的诗，首推《死水》：

这是一沟绝望的死水，

清风吹不起半点漪沦。

不如多扔些破铜烂铁，

爽性泼你的剩菜残羹。

也许铜的要绿成翡翠，

铁罐上铸出几瓣桃花；

再让油腻织一层罗绮，

霉菌给他蒸出些云霞。

让死水酵成一沟绿酒，

漂满了珍珠似的白沫；

小珠们笑声变成大珠，

又被偷酒的花蚊咬破。

那么一沟绝望的死水，

也就夸得上几分鲜明。

如果青蛙耐不住寂寞，

又算死水叫出了歌声。

这是一沟绝望的死水，

这里断不是美的所在，

不如让给丑恶来开垦，

看他造出个什么世界。

　　他写着自己的"恶之花"，他想要创造一种新的格律诗；他戴着脚镣跳自由的舞。他渐渐地从自己营造的象牙塔中走出来了。他感悟出没有比历史更伟大的诗篇，做诗太狭窄了。他认清了汉民族文化的病症，他不愿做故纸堆里的蠹鱼，要做杀蠹鱼的芸香。他曾对臧克家说，"我比任何人还恨那故纸堆，正因为恨它，更不能不弄个明白"。(朱自清《闻一多全集》序)他认为，"太多'诗'的诗，和所谓'纯诗'者，将来恐怕只能以一种类似解嘲与抱歉的姿态，为极少数人存在着"。(引文同上)他关注着史诗。他认为现实高于一切。

　　郭沫若在《论闻一多做学问的态度》一文中，以夏完淳哭他内兄钱漱广的一句诗哭闻一多："千古文章未尽才"，"一颗茁壮的向日葵刚刚才开出灿烂的花，便被人连根拔掉，毁了"，郭称他为"人民诗人"。他为理想献出了生命。

　　1946 年 7 月 15 日，也即有人暗杀了他的挚友李公朴的第四天，他去云南大学参加追悼李先生的大会。有人劝他不要去，以防不测。他悲愤地说："事已至此，我不出，则诸事停顿，何以慰死者？"

　　在这个牢狱般的世界上，无事不是痛苦。他早已有了赴死的决心，他的血性不允许他逃避。他知道，"有一句话说出就是祸，有一句话能点得着火"。他要把真相说出来，他曾经抱着李公朴的尸体痛哭："公朴没有死！公朴没有死！"他已将生命置之度外。

　　红烛将尽了。他说过，"抽尽我的生命供给你的生命"。他以自己微弱、将熄的一点火光，做众人黑夜苦途的向导。

"命运是一把无规律的梭子。"他说，"我不骗你，我不是什么诗人，我爱英雄，还爱高山"。那是一个英雄的时代，一个需要献身的时代。他倾慕古代刺客荆轲、聂政的血性和勇气。他大义凛然地走向会场，他清楚自己所面临的危险。他站到了讲台上，做了生命中最后一次讲演。

他质问苍天："李先生究竟犯了什么罪，竟遭此毒手？他只不过用笔写写文章，用嘴说说话，而他所写的，所说的，都无非是一个没有失掉良心的中国人的话！大家都有一枝笔，有一张嘴，有什么理由拿出来讲啊！有事实拿出来说啊！"他越说越激动了，他憎恨地说："为什么要打要杀，而且又不敢光明正大的来打来杀，而偷偷摸摸的来暗杀！"

他拍案而起，"你们完了，快完了！你们以为打伤几个，杀死几个，就可以了事，就可以把人民吓倒了吗？其实广大的人民是打不尽的，杀不完的，要是这样可以的话，世界上早就没有人了。你们杀死一个李公朴，会有千百万个李公朴站起来了！你们将失去千百万的人民！……。我们的光明就要出现了……，光明就在我们眼前，而现在正是黎明之前那个最黑暗的时候。我们有力量打破这个黑暗，争到光明！……"

"李先生的血，不会白流的！李先生赔上了这条性命，我们要换来一个代价。……"

"……你看见一个倒下去，可以看得见千百个继起的！"

"正义是杀不完的，因为真理永远存在！"

……

"我们不怕死，我们有牺牲精神，我们随时像李先生一样，前脚跨出大门,后脚就不准备再跨进大门！"

他在长时间热烈的掌声后,走出会场,在回家的路上,突然有人窜出来,向他开枪,他像李先生一样,遭到了暗杀。有个学生曾瞻仰过他的遗体,见他"遍身血迹,双手抱头,全身痉挛"。(朱自清《中国学术界的大损失——悼闻一多先生》,载 1946 年《文艺复兴》)他常对朋友们说,他要活到八十岁。他还不满四十八岁,竟惨死了。

当一个时代的统治者连优秀的诗人、学者、艺术家等自由职业者都迫害、压抑、暗杀的时候,那么离灭亡也就不远了。历史证实了他演讲中的话。

他以死考验了自己的人格,以死保全了一位文化人的节操,以死向黑暗抗争。

郁达夫

黑 暗 中 的 星 光

1945 年 8 月的一天夜里,有一个不明身份的人来找他,说有一件急事,要他帮忙,他没有多想什么,便匆匆地穿上一双木屐,随着那个人从家里出走了。

在马来西亚的热带丛林里;四面黑漆漆、阴沉沉的,一条没有尽头的路。

他问那个人到哪里去?那个人只是敷衍着。他隐隐地有一种不祥的预感:离避难的家已经越来越远了。他看到了一星半点的灯火,闪闪烁烁,森然地有些鬼气。他想,他真的老了,他一定是被什么人出卖了,他不愿意就此而死……

这些年来,他经历的事情太多、太坎坷了。老母在家乡沦陷时,不愿逃离,被饥饿夺去了生命;他的兄长,作为法官,因坚持正义被暗杀;孩子夭折;他爱慕多年的妻子,苦苦眷恋的妻子,也离他而去了……,国破家亡。他后来做过战地记者,又因为揭示前线昏庸、腐败的真相,而被自己的政府通缉,他已经被逼上了一条绝路,只好远离,只好到南洋。

预言者的不容于故国,向来如此。在那个黑暗、血腥的时代,文字没有给他带来什么荣誉,只有耻辱和迫害。为了过一种相对平稳的生活,他隐姓埋名,留起长须,弃文从商,与几个一起逃难的朋友,在乡下开了一家酒店,勉强维持生活。在隐居的日子里,他默默地等待着什么,他想把过去的一切都忘记了,却怎么也无法忘记。他觉得"自己的一生,实在是一出毫无意义的悲剧,而这悲剧的酿成,实在也只可以说是时代造出来的恶戏。自己终竟是一个畸形时代的畸形儿,再加上以这恶劣环境的腐蚀,那就更加不可收拾了"。

他渐渐地沉静了。多年来的颠沛、奔波,多少次的生离死别,使他疲倦了。原本就瘦弱的躯体,更加瘦弱。他暗自想:"爱情已经使我疲倦了,写作也使我疲倦了,生活的痛苦更使我疲倦了。你们不是说我是一个颓废者吗?说我是只会唱靡靡之音的秋虫吗?你们爱怎么说就怎么说吧!我沉沦过了,反悔过了,也抗争过了。我渴望与世无争,与人无怨。"

他如释重负了。他清楚在所有文学作品中,都不同程度地染上了作家自身的色彩。他为自己的真实付出了沉重的代价。他的内省极严,心气太高。他是那个时代虚荣心最少的作家。他不留余地地剖析自己,他的笔不断地触及中国人最忌讳的东西,最虚伪的地方。他从自己致命的弱点入手,撕开了人性共同的缺陷给人们看。许多人无法容忍他的真实。他酗酒、吸烟、窥探、嫖娼、赌博……,在暗无天日的岁月里,他堕落过了。他公开了自己的日记,公开了自己的情书,公开了自己的私生活。但他有一条原则,一直恪守着不涉及他人利益。决不像有些人那样,以揭露他人的隐私为手段,达到抬高自己的目的。他不屑于此。他憎恶那种卑鄙的人。

忧郁在一位作家的身上是美的。忧郁能够伤人，但也能够启迪智慧。他写过的美文，足以使他不朽。但他自己却常有些自卑。有位德国作家的话，曾使他为之流泪：

我不作这些空想，以为我的许多作品是有永久的价值，或许多创作是可以与人类的历史并传的。自己的著作的必无永久生命，同我自己的生命必无永在的事实，一样地明白无疑。我只希望它们能在我的生前不消失它们的价值就尽够了。假如有些著作，在写它们的一双手还未完全失去力量之先已消失了它们的价值，那真是命运之中最惨酷的一种苦事了……

在不断地碰壁，不断地受到刺激和各种打击的时候，他投入到写作中去。

在短时间内抚平了心灵的创伤。有一次，在一个令人神伤的雨夜里，他说："我还是有希望的呀！"这一丝黯淡的光线始终引导着他，不致绝望。

他以为自己从出生起，就是一出悲剧。三岁时父亲病故，孤儿寡母被疾病、窘困所迫；他是一个孤僻、清瘦的孩子。他还记得母亲为了给他赊欠一双皮鞋，一次次地被拒绝，所遭受的白眼和冷遇。母亲要去当铺抵押衣服时，他哭了，他的母亲也哭了。他是一个懂事的孩子，从那以后，他不但不要皮鞋了，连衣服、用具也不愿用新的了。一件小事伤了他的自尊心。他拼命地读书、学习，他清楚贫穷意味着什么。

由于家境的衰落,他成熟得早,但对待性问题,他常常是怕羞的、畏缩的、胆怯的,与女同学在一起显得过于矜持。这种极度的压抑,极度不正常的发育,使他后来在日本留学时,恰恰走向了它的反面。从这一点说,他在本能上是爱走极端的。

他在暗黑的途中,将爱情当作了一盏灯,一盏燃烧的灯。他像飞蛾扑火一样,扑向了那盏灯。他自言自语道:"日本的少女轻侮我,欺骗我时,我还可以说'我是为人在客',若故国的少女,也同日本妇人一样的欺辱我的时候,我更有什么话说呢!"他的身体虚弱,时常咳嗽,他中了风,病痛折磨着他,使他沮丧不安。他对自己的身体感到失望,感到有些苍凉。

为了爱情,为了她,为了将来,他的一切都颠倒了过来。他的爱被放大了,初恋般的心神恍惚。一个短暂的微笑让他兴奋,使他鼓起生活和创作的勇气、信心。他说,"啊,人生还是值得的,还是可以得到一点意义的"。一次委婉的拒绝又让他悲伤难遣,郁郁不乐。他独自在暮色沉沉的街上漫步,他觉得,"与她的缘分,就尽于此了,但是回想起来,这一场的爱情,实在太无价值,实在太无生气。总之第一只能怪我自家不好,不该待女人待得太神圣,太高尚,做事不该做得这样光明磊落,因为中国的女性,是喜欢偷偷摸摸的。第二我又不得不怪那些围在她左右的人,他们实在太不了解我,太无同情心了"。

爱她爱得太投入,爱得要死。他去找一位朋友,把自己的苦衷、失望的情绪都倾吐了一遍,然后,去饮酒浇愁,去马路上"打野鸡",去燕子巢吸大烟。

他在自戕。他有病，病得很重。在昏暗的日子里，除了身体上的疾病之外，他的心理也不健康；怀乡是一种病，爱情更是一种无法治愈的病。

他矛盾重重。一会是"我想恋爱是针砭懒惰的药石，谁知道恋爱之后，懒惰反更厉害，只想和爱人在一块，什么事情也不想干了"。一会又想"拼命的干一点东西出来，以代替饮酒，代替妇人，代替种种无为的空想和怨嗟"。

同时，他又自暴自弃。在追求不到爱情的时候，就去嫖娼。他说："啊啊，女人终究是上等动物，她们只晓得要金钱，要虚空的荣誉，我以后想和异性断绝交际了。"

灵与肉在不间断地冲突着。本性难以改变。他努力写信表白，努力用行动去证实自己。他热烈的爱情有了一个美好的开端。他一时体验到了幸福与美满。

但感情毕竟是复杂多变的。他在《新生日记》里内疚地写道："我一边拥抱了映霞，在享很完美的恋爱的甜味，一边却在想北京的女人，呻吟于产褥上的光景。啊啊，人生的悲剧，恐怕将由我一个来独演了。"这迷乱的感情，过去的阴影，他想尽力摆脱，却又身不由己。人世无常，黑暗消耗着他的才华。他已疲惫不堪。

有一位哲人说，在人生的大道上，女人若避在道旁，那将是植在路旁的美丽的花；若站在路中，则将成为挡道的荆棘。他一生没有离开过女人，没有离开过爱情，他怀疑这一切，又相信这一切。他的性格是游移不定的。他因拘谨而放浪，因自卑而自负，因迷失而寻找。越是沉入黑暗中,渴求光明的心就愈加强烈;越是感受了底层的苦难,期待自由的思想也愈加紧迫。

他多愁善感。他背着因袭的重负,痛苦地挣扎,常常看不到明天,看不到阳光。他在学问上发愤用功。在找不到寄托的时候,他曾将爱情看得高于一切。

他希望那清澈、纯洁的水能洗涤他以往肮脏的肉欲,希望从中获得前行的动力,希望精神得到升华。他的一生不能没有爱情。他曾经说过,"没有爱情的生涯,岂不同死灰一样么?"

他习惯了在夜幕降临之后,一个人孤独地出去散步。一边可以怀念,一边可以反省、思索,也可以什么都不要,似乎"时间与空间的观念,世界上一切的存在,在他的脑里是完全消失了"。他只是不停地走而已。什么时候累了,什么时候觉得无聊了,再一个人回家。周围没有人,用不着打什么招呼……,他和影子说话,他太熟悉黑暗了,就像熟悉爱和死亡一样。在他的眼里,在他的笔下:"天上罩满了灰白的薄云,用腐烂的尸体似的沉沉的盖在那里。云层破处也能看得出一点两点星来;但星的近处,黝黝看得出来的天色,好像有无限的哀愁蕴藏着的样子。"他的描写苍凉、细腻、悲伤,他那时的心境也就不难想象了。

他认识到,"中国所持的是地大物博,人口众多,所差的是人心不良"。

攻击他的人说他颓废、下流、华而不实,说他缺少勇气,又因为有了职业,有了钱花,文章也越写越差了,或干脆不写了。他沉默着,不去辩驳那些流言蜚语。他比那些人更了解自己,他依旧我行我素,默然前行。一位与他政见不同的朋友说："他是李太白、黄仲则一流人物。尽管世人骂他……，我总觉得，在创造社的朋友中，只有他最天真、最纯洁、最富正义感和热情。"

以文学为生命的人，敏感是一面脆弱的镜子。他看到一副孤独、忧郁、憔悴的面孔，他说自己是一个真正的零余者，一个多余的人，一个爱做梦的人。

他喜新厌旧、见异思迁，他重情感、不安定，他知道自己性格中反叛的因素很多。他的想象力太活跃了，思想太细腻了。感情总是大于理智。他的心像一匹不羁的野马，向往着自然、茂盛的草原。在有了家室，有了孩子之后，他想，该收敛一下，过一种新的平静的生活。

在无望中，他呼唤过："我们必须要造成人格的美和品性的美来才算伟大。"

他的才华是多方面的，他写诗、小说、散文、剧本、文论……，他翻译、介绍外国作家作品，他觉得最可爱、最倾心的是屠格涅夫。

他欣赏行旅不定的生活方式。他的开始写小说是受了屠格涅夫的影响。一场大病，一次恋爱的创痛的经历也同时感染了他。而且，像他那样的作家，往往在最困苦的时期，恰恰是创作上最有收获的时期。……他热爱、崇敬的是卢梭，在中国现代作家中，能真正忏悔自己行为的，能拷问自己灵魂的，还没有谁像他那样真实。他尤其理解卢梭。他论述卢梭，也是在论述自己。他说：他是一个热爱人类的人，然而处处被人类的阴险毒诈所伤刺了以后，就不得不厌弃人类，厌弃社会了。他本来是不善辞令谈吐拙讷的人，但一到了脑里的思潮汹涌，胸前的热情喷发的时候，又只想一泻千里，比人家说得多，比人家说得好，但其结果，反只好默默无言地站在一边。

他的思路，有时候会不清，临机应变的才能，他是一点儿也没有的，因此他在社会上处处只遇着失败，而一个人退到了书斋里，被逼到了深林僻地去静静地思索，慢慢地忖辩一番之后，他的议论会比任何人的都透彻，他的主张会比任何人的都坚决。

他希望自己成为卢梭那样的人。他后期所写的政论，直指社会的弊端、阴暗，他锋芒毕露，这也是不为社会所容的一个致命的原因。一个地位比他更高的文化人说，"他有才能，让他做外交官很适当。但他没有这样的机会"。

黑暗的社会总在压抑、迫害那些有才能的人，使他们看不到前途。

漂泊者没有根。几经流浪，他自知不能再像过去那样生活了。他隐居了，循规蹈矩了，过着一种小商人的生活。他觉得以往写得太多了，连不该说的也都流传出去了。自己使自己感到无聊。他说："来日茫茫，想将起来，只好闷声不响，以后绝对不写东西，才能补得过过去的轻率的罪障。"旅居南洋，他销声匿迹，成了家，有了妻子，他想过一种平常人的生活。他与过去的友人，与外界断绝联系，他悄悄地消失了。

他被迫干过他不愿干的事，他看到太多凶残、罪恶，他所掌握的日语成了一种可怕的工具，他充当了黑暗、血腥的目击者，也是最有力的证人。他把一切都默默地记在了心里，他相信光明就要来了。他要写下那一切，没有人那样写过——用血和泪写作。他沉默着，在沉默中期待着爆发。

终于等到了,日寇投降,就要重见天日了。他破例喝了一次酒,他已经很久没有这样开心地喝过了。他看着就要临产的妻子,他苦涩的过早苍老的脸上终于露出了一丝微笑。他回想起了故乡,回想起了杭州的风雨茅庐……殉难的亲人……

他不知道死亡已渐渐地逼近了。他和那个人走在黑暗中,他有一种无助的感觉。他似乎在哪里见过这种景况:"他的四周都是黑沉沉的夜气,仰起头来只见得一湾蓝黑无穷的碧落,和几颗明灭的秋星。一道城墙的黑影,和怪物似的盘踞在他的右手城壕的上面,从远处飞来的几声幽幽的犬吠声,好像是在城下唱送葬的挽歌的样子。"

不知走了多久,来到一座城堡里。他被日本宪兵诱捕了。几天之后,被秘密押到苏门答腊寨革岱山野,一双罪恶的黑手,将他活活掐死,时年不满五十岁。

他说过,"临死之前,我还想尝一次恋爱的滋味","我要回家了"。

"彼苍者天,天何言哉,沉沉大地,地亦无声。"他的遗骸至今也没有找到。

邹韬奋

热 爱 人 民

热爱人民,真诚地为人民服务,鞠躬尽瘁,死而后已,这就是邹韬
奋先生的精神,这就是他之所以感动人的地方。

——毛泽东

1

中国新闻史上有不少可歌可泣的人物。经过半个多世纪血与火的
洗礼,更显示出人性的光辉。读有关他们的书,敬仰他们的为人为文。

以人民为本位的立场决定了他们在黑暗时代的命运是悲苦、壮烈
的。1926 年,《申报》记者邵飘萍因发表消息《国务院门前之屠杀》,抗
议段祺瑞执政府制造“3·18”惨案,为民众请愿,而被通缉,被处以死
刑,罪名是“宣传赤化”;1934 年,著名报人史良才在沪杭公路翁家埠
地段,遭国民党特务枪击,为正义和真理、为新闻事业殉难.生前他与
蒋介石有过一次对话。“蒋介石:‘把我搞火了,我手下有一百万兵!’史
良才:‘我手下也有一百万读者。’”(《开埠——中国南京路 150 年》,昆
仑出版社,程童一主著)1944 年,《生活》周刊主编、新闻记者邹韬奋,因
始终站在劳苦大众的一边,作为他们的代言人,而不断遭到执政者、侵

略者的迫害——流亡、入狱、诬陷……，积劳成疾，英年早逝。

他们是中国新闻事业的先行者、开拓者、启蒙者。像他们那样为民请命，不为私图，以身殉职的新闻记者，使人肃然起敬。在他们三位当中，邹韬奋遗留下的文字相对多一些，他的自勉、自律、自尊，也更使人敬重。正如他的名字的含义：韬是韬光养晦的韬，奋是奋斗不懈的奋。从生活、读书、新知三联书店出版的《韬奋文集》和河北人民出版社出版的《邹韬奋》(穆欣编著)，不难读出他的"且做且学，且学且做"的精神，"以大众的意志为意旨，以大众的力量为力量"的人格境界。

作为一个新闻学徒，我在读他的书时，曾随手写下过一些片断性的札记，一方面是为了学习业务，另一方面也是对一位新闻前辈的纪念！

2

从某种意义上说，一个人愿意读什么书也就意味着他想做什么样的人。尤其是在他成熟的时候。

书出得太多、太杂。读书需要精心选择，需要在好书上做记号，以便于反复阅读，从中汲取知识和力量。

倘若开书目的话，邹韬奋早年读过的有《古文词类篡》、《经史百家杂钞》、《韩昌黎全集》、《王阳明全集》、《明儒学案》、《曾文正全集》、《三名臣书牍》……，熟读古文，在当时是中国读书人必须接受的教育。

他的英文学得好，这也就决定了他比许多人多了一双观察社会的眼睛,多了一种与世界交流的语言。他的随笔《最留恋的一个地方》记叙了他流亡国外时的一段经历:"我离开英国的时候,除了几个很知己的英国朋友外,最使我留恋不舍的,要算是英国博物馆里的图书馆。这个图书馆有了百年的历史,在伦敦的大拉度街,藏书在五百万卷以上,据说书架的长度如果排起来可达五十英里。马克思和列宁在伦敦时都曾用着大部分时间在这里研究。我最喜欢的是这图书馆里阅览室的建筑和布置,以及取书方法的便利。"

他又在《萍踪寄语》的《弁言》里感叹道:"记者常恨自己学识的浅薄,出国后,尤觉好书不胜其看,良师益友不胜其谈,事物不胜其观察……,而知识无限,浩如烟海,愈深刻地感觉到自己学识的浅薄,也愈迫切地觉得时间的不够用。"

真应了杜甫的诗:"读书破万卷,下笔如有神。"手不释卷的阅读,开阔了他的眼界,他在分析自己读书与写作的关系时说:"我所看的书,当然不能都背诵的出,看过了就好象和它分手,彼此好象都忘掉,但是当我拿起笔来写作的时候,只要用得着任何文句或故事,它竟会突然出现于我的脑际,效驰驱于我的腕下。"可谓功夫不负有心人。人们常说的灵感或潜意识,也正是平日积累的结果吧。

3

孟子说:"读其书尚友其人。"还有一种比较浅显的说法:"物以类聚,人以群分。"

在他常带情感的笔锋下，有许多心向往之的人，既有先驱，也有他同时代的杰出的人。他写《谒列宁墓》：为劳苦大众奋斗一生，百折不回的列宁，虽死犹生；他还写了二十万字的传记《革命文豪高尔基》，倾诉自己的敬仰之情；他在悼念鲁迅先生时说，许多人是不战而屈，鲁迅先生是战而不屈。他与瞿秋白可谓知己，瞿秋白曾热情地关注、评论他的作品，并提出"深刻的思索，勤恳的找寻材料，用批判的态度去读一切书"的主张。他与戈公振的友情深厚，为其编辑遗著《从东北到苏联》，并撰写了纪念文章。

在旧中国，有许多事情不可思议。比如"爱国罪"、"七君子"入狱事件。他在《经历》一文中写到了另外的六位，饱含着深情厚谊，在那里，沈钧儒是"我们的'家人'"，他称其为"三反"老将：反对袁世凯称帝，反对曹锟贿选，反对孙传芳阻碍国民革命。在"难兄难弟"里，有章乃器的刚强、正直；李公朴的勇气，不畏艰难；沙千里强烈的求知欲，勤奋自学的精神；王博士(王造时)演说的天才，安于清苦生活的个性；史良女律师的反抗性，独立的人格，她说：高兴结婚就结，不愿意就不结。她反对重男轻女的"嫁"字，她鲜明的个性跃然纸上。狱中的生活是值得纪念的，他们六个男的就像一个人。他们有自己的准则："(一)关于团体(指救国会)的事情，应由团体去解决；(二)关于六个人的共同事情，应由六个人的共同决议去解决；(三) 关于各个人的事情，应由各个人自己负责。"

在狱中，他还是异常勤奋。读书、做笔记，列出书单，请朋友去借。他的自传《经历》就是在那时开始写作的……，由于他们共同的抗争和外界的援助,他们于一九三七年底结束了长达二百四十三天的监禁生活,获释出狱。他后来说:"有人问我在狱中有何感觉,我常感觉的只是自己的渺小,大众的伟大。"他的信念就是"永不背叛大众"。

4

他曾释译过一段话:"喜欢闲谈的人,就是对你瞎谈着别人的事情;令人讨厌的人,就是对你尽谈着关于他自己的事情。"

写作也一样,那些过于注重无聊、琐碎的事情的人,也会使自己琐碎、无聊起来的。而时常渲染自我的人,本身又没有多少值得写的东西,也会使人厌倦的。一个从事写作的人,比其他人更需要有自知之明。

他的对于人物传记的兴趣,与他作为记者、作家的双重身份有关。他总结出一条教训:"我们要写自己所知道得最清楚的事情,尤其是实践或经验中感到最深刻印象的事情。"

在作文与做事两方面,他都是一位优秀的人,以身作则,身体力行。有人说,"他成功的秘诀就是实行事业的民主。以大众的事为主,不以个人的事为主,这是他事业理想的民主;以参与事业的干部为主,不以自己为主,这是他事业管理的民主。"(《韬奋先生的干部政策》孙起孟)他的律己之严,治事之勤,爱人之诚,知人之明,感人之深……,凡与他共事过的人,都有体会。

他没有私仇,也没有什么野心,只想将自己份内的事干好,替受苦

受难的老百姓说句公道话，做点公道事。他曾归纳出了八种最可贵的
传统精神：

一、坚定；二、虚心；三、公正；四、负责；五、刻苦；六、耐劳；七、服务
精神；八、同志爱。

一位优秀的人的背后往往有一位伟大的母亲。母亲是一所学校，
她将好的品质传给了自己的孩子。

他写过一篇散文《我的母亲》，在他的记忆中，母亲是女子中最美
的一个。他记得小时候的一个夏夜，他从梦中醒来，看到母亲独自在灯
下为他做鞋底；他是一个懂事的孩子，他默默地陪母亲坐着，心里感到
歉疚……

母亲去世时只有二十九岁。"在临终的那一夜，她神志非常清楚，
忍泪叫着一个一个子女嘱咐一番。她临去最舍不得的就是她这一群的
子女。"

正如古代文史不分一样，其实新闻与文学也是难以从本质上划分
的。一位杰出的记者从某种程度上说也一定是一位杰出的作家。他们
的心属于底层的民众，他们有良知，有人情味……，所以他们的文章能
感化人，启发人。

他在《患难余生记》的《流亡》一章里，记述了中国民权保障同盟总
干事杨杏佛被特务暗杀的经过：

他有一天刚和他的十一岁的儿子小佛上汽车，暗杀他的枪弹四面
飞来，他用全身包围着他的儿子以卫护他，结果他的儿子幸得保全生

命,而他自己却被乱弹所牺牲了。

倘若要认识一个人,那么可以从他对待母亲和孩子的态度、行为上去认识。我们可以对他的过去一无所知,但仅从一两件小事上也不难看清他为人的高低贵贱。

5

生活中,有人能做事,而不能为文;有人反之。他则是既能做事,又能为文,可谓全才。他在《经历》第十八即《英文教员》里说过一段肺腑之言:"我觉得我们做事,要做到使人感到少不了你。这并不是要包办或有所要挟的意思,是说我们要尽我们的心力,把职务上应做的事(这里指的当然是有益人群的人,不是残害人群的事)做得尽量的好,使人感到你确能称职,为着这个职务起见,不肯让你走开,或至少觉得你的走开是一件很可惜的事情。同时我又深信有名无实的事情终究不能长久的。"即使是在他重病期间,他还想着病愈后能致力于三件事:

一、恢复生活书店;

二、为失学青年办一个图书馆;

三、创办一种日报,以遂夙愿。

一息尚存,奋斗不止。在黑暗势力的压迫下,在病痛的折磨中,他硬是支撑着在病榻上创作《患难余生记》。他对来看望他的朋友说:"能写多少是多少,写一些是一些。"

1944 年 7 月 24 日早晨 7 时 20 分，中国新闻史上的一代楷模邹韬奋先生不幸病逝，年仅 49 岁。临终前，他遗憾地说："我过去二十年是锻炼自己、充实自己，这一生发展到目前为止，恰当成熟的阶段，正可以为人民做一番事业，如果病好了，还可为未来的光明的新中国再奋斗二、三十年。"最后，他以仅有的一点气力写下了三个不成形的字：

"不要怕"

方志敏

清 贫 ，洁 白 朴 素 的 生 活

　　"大丈夫作事，应有最大的决心，见义勇为，临危不惧，要引导人走上光明之路，不要被人拖入黑暗之潭！"

——方志敏

1

　　人的一生如果能有几篇文字流传，也就很值得欣慰了。在我所读过的书中，字数最少而又曾深深地感动过我的是方志敏的一本薄薄的小册子——《可爱的中国》。那里只收有他的三篇文章：《清贫》、《可爱的中国》、《遗信》，以及冯雪峰在 1951 年为该书写的《影印本说明》。

　　他的一生短暂而光辉。他是江西弋阳人，赣东北革命根据地与中国工农红军第十军创建人之一。在他 35 岁的那一年，也即 1935 年 1 月，被叛徒出卖，7 月在南昌就义。

　　他在狱中写下的文字，孕含着一种深刻的道理，震撼心灵："清贫，洁白朴素的生活，正是我们革命者能够战胜许多困难的地方！"

2

人与人之间最大的区别莫过于精神境界和价值观念上的区别。英雄与叛徒,高尚与卑鄙,君子之腹与小人之心……这一切促使人去思考一些什么,感悟一些什么。

他把革命当作自己终生的事业,为之奋斗;他经手的款项,总在数百万元,自己却没有一点积蓄;他将"矜持不苟,舍己为公"奉为准则;他一向过着朴素的生活,从没有奢侈过……

《清贫》是他十多年革命斗争的真实写照,再现了一位革命烈士坦荡无私的胸怀,以及勇于自我牺牲的精神境界。

在他不幸被捕的那一天,他曾与两个国民党士兵围绕着钱有一段对话,从中不难分辨什么是高尚的追求,什么是卑琐的行为;同时也预示了十几年后的一个结局:革命者的胜利与反动派的失败。

他没有自己的钱,那些想在他身上做发财梦的人最终破灭了。那些人只抢走了他的一只表和水笔,拿去换钱用了。他仅有的财产是穿过的几套旧的汗褂裤,与几双缝上底的线袜。在他的信念中,理想高于一切。这终极的理想却恰恰意味着以自己清贫、艰苦的生活换取大多数人的美满与幸福!

3

《可爱的中国》像小说又不是小说,是他在囚室里写下的手记,是一篇有关爱、勇气和信心的独白。

他是一位思想者，一位爱读书和学习的人，他给一位朋友写信，写自己苦难的处境和对自由与解放的渴望，对祖国母亲的热爱。绳索、脚镣、拍照、押解、示众、牢笼……他都经历过了，他不愿多想了。

他回忆起学生时代，从乡间到城市求学的过程。他说："一个青年学生的爱国，真有如一个青年姑娘初恋时那样的真纯入迷。"

"中国是生育我们的母亲。"但二、三十年代的中国，江山破碎，内忧外患，国弊民穷，动荡不安。许多文化人迷惘、困惑、彷徨，无所适从，看不到出路；而受尽各种折磨和摧残的他却依然相信："中国一定有个可赞美的光明前途。……到那时，到处都是活跃的创造，到处都是日新月异的进步，欢歌将代替了悲叹，笑脸将代替了哭脸，富裕将代替了贫穷，健康将代替了疾苦，智慧将代替了愚昧，友爱将代替了仇杀，生之快乐将代替了死之悲哀，明媚的花园将代替了凄凉的荒地！"

他说："我爱护中国之热诚，还是如小学生时代一样的真诚无伪。"这是一位就要被枪杀的伟大的囚犯的心里话。

4

一个人在临终的时候常常怀念的人，并将自己最珍惜的东西托付给的那个人，一定是一位值得敬重和信赖的人。

从他的《遗信》里可以看出，他最终将书稿托付给了鲁迅先生。类似的事情在李大钊、瞿秋白、白莽等人的身上也曾发生过。这使我想到了什么是伟大的友谊,什么是患难与共、生死相托,什么是有情有义……

如果没有鲁迅先生的保存和转交,那么结果会怎样呢？在一个英勇壮烈的时代,有多少无名英雄为崇高的理想,为苦难民族的自由和解放默默地献出了宝贵的生命。

还有那个为他从囚室里将书稿和信悄悄捎出去的人。从他《遗信》里劝诚的口吻可以看出那是一个有许多缺点的人,而且周围尽是一些黑暗的朋友,但方志敏看出了对方是一个有决断的人,他希望对方从此觉悟起来,以自己的勇气和胆识,去追寻光明。

他知道自己随时都可能被枪决,他是一位细心的人,他把自己的后事安排好了。遗著是生命最有力的见证。

5

1936 年 3 月 11 日夜,鲁迅先生在上海为白莽的诗集《孩儿塔》作序时,曾深情地说:"一个人如果还有友情,那么,收存亡友的遗文真如捏着一团火,常要搅得寝食不安,给它企图流布的。这心情我很了然,也知道有做序文之类的义务……"

从 1951 年 9 月 6 日冯雪峰在北京写的《影印本说明》判断,那时方志敏的遗著还在鲁迅手里珍藏着。那篇序文发表在 1936 年 4 月的《文学丛报》上,也恰恰是冯雪峰从陕北到了上海的时候,由此鲁迅便将方志敏的遗著交给了冯雪峰。

　　鲁迅先生在那篇序文中隐含的深意,也就可想而知了。

　　那是一个阴森、恐怖的时代,保存这样一份遗著是很危险的。正像瞿秋白的遗文能得以流传一样,方志敏的遗著也多亏了那几位有情有义的人。对此不能不提到谢澹如先生,在抗日战争时期,他就抄出并刊印了瞿秋白的《乱弹》和《方志敏自传》(包括《清贫》、《可爱的中国》)。

6

　　方志敏烈士离开我们已经六十多年了。重读遗著,他的文字像一束光芒,穿越时空,净化着心灵。

　　一切伟大的灵魂使我们获得升华,使我们看到光明,使我们铭记住——"清贫,洁白朴素的生活,正是我们革命者能够战胜许多困难的地方!"

冰心

纯 洁 是 一 种 品 格

　　描述冰心,我想没有比纯洁更恰当的词语了。这种品格对于作家来说,是极其可贵的。日渐世俗的我,读冰心的作品,既获得美感,同时也是一种净化。

——题记

　　闻一多先生说:"中国最善学泰戈尔的是一个女作家。"不言而喻,在这里,他指的是冰心。

　　我爱读她的书,是从她的译著《吉檀迦利》、《园丁集》开始的。她与泰戈尔心灵相通;所发出的共鸣,至今余音绕梁,唤起一种爱与美的情怀。泰戈尔是她青年时代最爱慕的外国诗人,无法言传的感情,使她最终超越了语言障碍,达到出神入化的境界。

　　有时不能不相信一种感应。如果将语言比喻成一棵大树,那么诗歌就是它所给出的最美、最丰硕的果实;如果把语言拟人化,那么,诗歌就是跳动的心。——她与泰戈尔有着同样属于诗歌的心。她没有见过泰戈尔,但她到过泰戈尔在孟加拉的家,甚而在诗人坐过的七叶树下站了很久,不愿离去。一如泰戈尔在 1924 年离开北京时的那种感受:"有人问他:'落下什么东西没有?'他惆然地摇摇头说:'除了我的一颗心之外,我没有落下什么东西了。'"(冰心《吉檀迦利》、《园丁集》译者序。)

　　那种只可意会的失落,人们大概都曾经有过罢。

　　一个人在他的一生中,常常有不知如何表达的时刻,面对优秀的诗歌,我们只有选择沉默,然后,再在心里默默地珍藏着那些感动过我们的诗句:

　　你已经使我永生,这样做是你的欢乐。

　　我知道你喜欢我的歌唱。我知道只因为我是一个歌者,才能走到你的面前。

　　不在你的面前,我的心就不知道什么是安逸和休息,我的工作变成了无边的劳役海中的无尽的劳役。(《吉檀迦利》)

　　如此优美的话语,在这本诗集中比比皆是。真正经历过爱情的人,真正付出过的人,真正拥有过青春的人,大概不会没有过那种感受罢。

　　她在给爱人的一封信里说:"人生本质是痛苦,痛苦之源,乃是爱情太重。"她所期待的,给予的,接受的,都是人世间最纯洁的爱;她想象着,创造着,翻译着,"在乏倦的时间,我摆开礼品来等候你,过路的人把我的香花一朵一朵地拿去,我的花篮几乎空了"。"夜已将近,等他又落了空。"没有目的的守候,是一种折磨;没有结果的等待,是一种焦虑。都给心灵带来创伤。

　　诗歌就像一盏灯。把灯给予那些在爱情中迷路的人。在《吉檀迦

利》的尾声中,有这样的绝唱:

我这一生永远以诗歌来寻求你。它们领我从这门走到那门,我和它们一同摸索、寻求着,接触着我的世界。

我所学过的功课,都是诗歌教给我的;它们把捷径指示给我,它们把我心里地平线上的许多星辰,带到我的眼前。

我在人前夸说认得你。

把诗歌的阴柔情调与散文的刚强力量融为一体的泰戈尔,在她的眼里是完美无瑕的。她也同时将泰戈尔的翻译推向了一种极致。她是通往泰戈尔那神圣的文学殿堂的一扇门。所以,认识冰心,不能不读泰戈尔;认识泰戈尔,也同样不能不读冰心。泰戈尔在中国现当代作家中,有两位知音:一是冰心;二是郑振铎。前者最有代表性的译著是《吉檀迦利》和《园丁集》,后者则是《新月集》和《飞鸟集》。对于泰戈尔而言,我还没有读到比他们更好的译文。

诗歌是神奇的,是通灵的。诗歌的翻译,"须其自来,不以力构"。越是自然的,朴素的,真诚的,就越是诗。

本世纪初,在亚洲受压迫的民族中,有三位最杰出的散文诗人:即印度的泰戈尔,黎巴嫩的纪伯伦,中国的鲁迅。

与泰戈尔相近的,是她对纪伯伦的译介。泰戈尔研究过西方音乐,诗中弥漫着优美的乐感,而纪伯伦则是一位出色的画家。翻译他们的作品,无疑需要极高的悟性。她译的《先知》和《沙与沫》,对比泰戈尔的作品,有着异曲同工之妙。都是一些可以开发性灵,反复吟咏的佳作。
比如:

除非临到了别离的时候,爱永远不会知道自己的深浅。

爱除自身外无施与,除自身外无接受。

爱不占有,也不被占有。

因为爱在爱中满足了。

要知道过度温存的痛苦。

让你对于爱的了解毁伤了你自己。

她译的几本书,看上去都是薄薄的小册子,却自有一种深意;正如
在众多厚厚的书中会读出浅薄一样。扪心自问,在我的阅读范围内,中
国现当代的女诗人中,还没有发现像她那样纯洁、清澈、博学的。同时,
她对自己又有着清醒的认识。她曾分析自己说:"我不惯于写叙述性的
文章,而且回忆时都是些零碎的细节,拼在一起又太繁琐了。"

在美国求学时,写成的《寄小读者》,即二十九封信。是她有感于
"用通讯体裁来写文字,有个对象,情感比较容易着实。同时通讯他最
自由,可以在一段文字中,说许多零碎的有趣的事"。她那时经常呕血、
生病、住院,写作也是一种慰藉心灵的方式。从某种角度说,疾病无疑
会伤害生命;但对少数人来说,同时赐予智慧和灵性;使备受折磨的灵
魂,更富有深度。万物无语,自然界中有许多事情是参不透的。

人治病,病更治人。她那时常冥想死亡,她给朋友的信里提到死:

"我只要一个白石的坟墓,四面矮矮的石栏,墓上一个十字架,再有一个仰天沉思的石像。……这墓要在山间幽静处,丛树荫中,有溪水徐流,你一日在世,有什么新开的花朵,替我放上一两束,其余的人,就不必到那里去。"由此,她想到"何如脚儿赤着,发儿松松的挽着,躯壳用缟白的轻绢裹着,放在一个空明莹澈的水晶棺里,用纱灯和细乐,一叶扁舟,月白风清之夜,将这棺儿送到海上,在一片挽歌声中,轻轻的系下,葬在海波深处"。(《冰心自传·北京的生活》)

处处诗情画意,一切都被圣洁化了。死亡,永恒的、无可回避的、可诅咒的死亡,在她的笔下,是那么美、纯洁、理想。是的,就像列夫·托尔斯泰所说的"要是一个人学会了思想,不管他的思想对象是什么,他总是在想着自己的死"。对死亡的沉思,使她更加超脱、开明,更有远见卓识。

当然,作为诗人,她离不开梦。她说:"只因常做梦,我所了解的人,都是梦中人物,所知道的事,都是梦中事情。"活在自己梦中的人,是性情中的人。以弗洛伊德的话说:"梦是愿望的达成。"梦就是诗和艺术。很难想象,一个没有梦想的人能成为诗人和艺术家。她的一生,就是由一个个梦形成的。

她热爱自然,尤其是蔚蓝色的大海。她说过"以海洋为师,以星月为友"的话,她希望做一个看守灯塔的人。她以为"看灯塔是一种最伟大,最高尚,而又最有诗意的生活……"

她出身高贵。她的父亲和祖父,都是见过世面,异常通达的人;她的母亲从不拆他们兄妹的信件。在旧时代,一个大的家族能比较平等、和睦地相处,长辈能支持女孩子读书、求学,更是难能可贵。她保持着一颗童心,以孩子般纯真的目光看世界,不染半点尘埃。她译纪伯伦的《沙与沫》,她说:"除了通过黑夜的道路,人们不能到达黎明。"在她的身上,看到母性的光芒,象征的美。她曾以寓言的形式翻译纪伯伦:

> 我的房子对我说:"不要离开我,因为你的过去住在这里。"
> 道路对我说:"跟我来吧,因为我是你的将来。"

她纯洁的人品、文品,使她超越了文坛上的纷争和是是非非。胡适评论她的作品说:"冰心女士曾经受过中国历史上伟大诗人的作品的熏陶,具有深厚的古文根底。""她写作技巧上善于利用形象,因此使她的风格既朴实无华又优美高雅。"梁实秋在《忆冰心》一文中,提起"初识冰心的人都觉得她不是一个令人容易亲近的人,冷冷的好像要拒人于千里之外"。梁任公(启超)为她题过一幅字,意味深长:

> 世事沧桑心事定,
> 胸中海岳梦中飞。

由读书而联想。作为女人,她纯美无瑕,善解人意;身为母亲,她慈祥和蔼,庄重大方;作为诗人,她高贵典雅,清纯柔美。身为世纪老人,她曾想请朋友王世襄刻一枚闲章:"是为贼。"其实,恰恰相反,是否可改作:"是为公。"但这样一来,幽默与俊逸的风格,也就随之消失了。

概括冰心这样美好、善良、朴素的人,我找不到比"纯洁"更合适的词语了。

柔石

无 法 忘 却 的 纪 念

1

1928 年,柔石从浙江省台州宁海县逃亡到了上海。他孤零零的,无依无靠。他的长篇小说《旧时代之死》的手稿,还没有着落。有一次,他与朋友林淡秋在一起,他有些窘迫,对朋友说:

"暂时只好靠这部稿子。"

"稿子出路找好了吗?"

"还没有,打算去找鲁迅先生。"

对于鲁迅先生,他那时还不怎么熟,不过很久以前在北京某大学旁听时见过面。他相信鲁迅先生一定肯帮助的。(林淡秋《忆柔石》)

像他那样一个没有背景,又没有什么影响的文学青年能够在上海文坛有立足之地,一方面取决于他自身的努力,他的才华;另一方面与鲁迅先生的帮助是分不开的。

从鲁迅先生的《柔石小传》、《为了忘却的记念》、《〈二月〉小引》,也可以看出对他的超乎寻常的好感和信任。以鲁迅先生那样冷静、锐利的眼光,简洁、准确地刻画出了柔石的性格,感人至深。

2

言简意赅是为美。将复杂的事物单纯化,将抽象的东西形象化,将枯燥的概念生活化。一篇不足千字的短文有时比许多长篇大论更见作者的功力。

《柔石小传》,增一字,则画蛇添足;减一字,则失之于陋。文章客观、真实地再现了柔石一生的坎坷、不幸、抗争……,全文如下:

柔石,原名平复,姓赵,1901年生于浙江省台州宁海县的市门头。前几代都是读书的,到他的父亲,家景已不能支,只好去营小小的商业,所以他直到十岁才能入小学。1917年赴杭州,入第一师范学校;一面为杭州晨光社之一员,从事新文学运动。毕业后,在慈溪等处为小学教师,且从事创作,有短篇小说集《疯人》一本,即在宁波出版,是为柔石作品印行之始。1923年赴北京,为北京大学旁听生。

回乡后,于1925年春,为镇海中学校务主任,抵抗北洋军阀的压迫甚力。秋,咯血,但仍力助宁海青年,创办宁海中学,至次年,竟得募集款项,造成校舍;一面又任教育局局长,改革全县的教育。

1928年4月,乡村发生暴动。失败后,到处反动,较新的全被摧毁,宁海中学既遭解散,柔石也单身出走,寓居上海,研究文艺。12月为《语丝》编辑,又与友人设立朝华社,于创作之外,并致力于介绍外国文艺,尤其是北欧、东欧的文学与版画,出版的有《朝华》周刊20期,旬刊 12 期,及《艺苑朝华》5 本。后因代售者不付书价,力不能支,遂中止。

1930 年春,自由运动大同盟发动,柔石为发起人之一;不久,左翼作家联盟成立,他也为基本构成员之一,尽力于普罗文学运动。先被选为执行委员,次任常务委员编辑部主任;五月间,以左联代表的资格,参加全国苏维埃区域代表大会,后作《一个伟大的印象》一篇。

1931 年 1 月 17 日被捕,由巡捕房经特别法庭移交龙华警备司令部,2 月 7 日晚,被秘密枪决,身中十弹。

柔石有子二人,女一人,皆幼。文学上的成绩:创作有诗剧《人间的喜剧》,未印,小说《旧时代之死》、《三姊妹》、《二月》、《希望》,翻译有卢那卡尔斯基的《浮士德与城》、戈理基的《阿尔泰莫诺夫氏之事业》及《丹麦短篇小说集》等。

3

客观地说,由于时代的阴森恐怖,由于看到太多的背叛、出卖、告密……,以及自身的经历,鲁迅先生的疑心很重,很敏感,对许多人和事都持怀疑的态度,尤其是所谓的正人君子,尤其是所谓的文学青年,因为鲁迅先生吃过这方面的苦头,但对待柔石却是一个例外。以先生自己的话说:"那时我在上海,也有一个惟一的不但敢于随便谈笑,而且还敢于托他办点私事的人,那就是送书去给白莽的柔石。"柔石的台州式的"硬"和"迂"偶尔会使先生想起明朝的方孝孺。——建文四年

(1402)建文帝的叔父燕王朱棣起兵攻陷南京，自立为永乐帝，命方孝孺起草诏书；他坚决不从，遂遭杀害，被灭十族。可见柔石的为人。

鲁迅先生评价他说："无论从旧道德，从新道德，只要是损己利人的，他就挑选了，自己背起来。"(《为了忘却的记念》)

柔石太善良了，他不相信人会那么卑劣，凶残……，即使是在狱中，还在刻苦地学习德文，记念着鲁迅先生，记念着双目失明的母亲，记念着即将失去父母的儿女……

鲁迅在避难的途中，曾感慨道："在一个深夜里，我站在客栈的院子中，周围里堆着的破烂的什物；人们都睡觉了，连我的女人和孩子。我沉重的感到我失掉了很好的朋友，中国失掉了很好的青年……"

4

柔石的小说中，《二月》给人印象最深。一、鲁迅先生的介绍，为其作《二月》小引；二、根据小说改编过一部电影《早春二月》，启蒙的意味很浓；三、最主要的还是作品本身，使读者感觉到"重情者为情所累，慕义者为义所伤"。

他写"一个孤身的青年，时常走进走出在一个寡妇底家里的门限，何况他底态度亲昵，将他所收入的尽量地供给了她们，简直似一个孝顺的儿子对于慈爱的母亲似的。这能不引人疑惑吗？"(《二月》)

鲁迅先生概括他的小说《二月》说："冲锋的战士，天真的孤儿，年青的寡妇，热情的女人，各有主义的新式公子们，死气沉沉而交头接耳的旧社会,倒也并非如蜘蛛张网,专一在待飞翔的游人,但在寻求安静的青年的眼中,却化为不安的大苦痛。这大苦痛,便是社会的可怜的椒盐,和战士孤儿等辈一同,给无聊的社会一些味道,使他们无聊地持续下去。"

　　而电影艺术则将他的小说更加普及化、大众化了。一个忧郁的知识青年,一位不幸的、温柔的寡妇,一个妙龄、美丽的少女,发生在旧时代的故事曾经感动过几代人。

　　　　5

　　创作《二月》的柔石,内心积聚着矛盾和冲突。他处在两个女人之间,一个是含辛茹苦在乡下抚养三个儿女的妻子;一个是有点罗曼蒂克、也并不美丽的青年作家冯铿女士。前者据他的长子赵帝江回忆,在他牺牲之后,他们一家"用沉默对待一切,用沉默的愤怒对待一切。碰到不幸和不如意,就以父亲的名字来安慰,这给我们希望,勇气,信心……"(《我的父亲》)。而在五个被害的青年作家中,就有他后来的爱人冯铿女士。在文学上,她是柔石的挚友,理解和鼓励着他的创作。他们又一起走上了刑场,走完短暂的一生。

　　　　6

　　鲁迅先生曾经断言,"将来总会有记起他们,再说他们的时候的……"

身为后辈,我们能以什么去纪念他们呢!生命中最珍贵的,是需要以生命去争的。——"不自由,毋宁死。"

记住一些高贵的人和事,就是拥有;忘却一些卑微的东西,就是放弃;知道该拥有什么,该放弃什么,也就懂得了大半个人生。

萧红

凄 绝 的 归 途

1

　　有时候，想起一个名字，就会想起一首诗，一首默默吟咏过的，感人的诗；有时候，想到一个人，竟会不自觉地忆起一条清澈的河，水面上漂着一片片美丽的花瓣，渐渐流逝……

　　读萧红的书，看着照片上她真挚、伤神、迷离的目光，我不止一次产生过这种感觉。她不幸的身世，一面成就了她的文学事业，使她对苦难的爱情，对生与死，有更深刻、更清醒的认识；另一面则摧残了她的生命，使她耗尽元气，英年早逝。她 1911 年 6 月 1 日生于黑龙江呼兰县，1942 年 1 月 22 日在香港去世。寒冷的气质，热情的内心，夏天出生，冬季离世。"生如夏花之绚烂，死如秋叶之静美。"迅速地盛开，迅速地凋落，迅速地燃烧，迅速地熄灭。——记忆像一条漫长的河，她永远是那么年轻，那么美丽，那么才华横溢。

　　"长天渺渺忆征鸿，生死一场凄绝中。"

——陈芦荻挽诗

"人赏奇文,证才气纵横,亦遭天妒;魂归乐土,看山河壮丽,待与君同。"

——香港文艺界挽联

2

逃避,出走,漂泊……,非如此不可。她是苦命的,内有枷锁,外有忧患;远走他乡,既让她兴奋,也使她伤感。

她以自己的方式,与命运抗争。因"父母之命,媒妁之言",她逃离家庭,到北京,到哈尔滨,到青岛,到上海,到日本,到武汉,到临汾,到重庆,到香港。从 19 岁起,她就处于漂泊中。一直生活在别处,一直在不停地寻找、追求中。

灵魂在高处,欲望在地上。她小时候失去母亲,父亲又是冷酷的,因贪婪而失去人性。爱她的只有祖父。祖父死的时候,她有过幻灭感。她说:"我懂得的尽是些偏僻的人生,我想世间死了祖父,就没有再同情我的人了,世间死了祖父,剩下的尽是些凶残的人了。"祖父的死,更坚定了她出走的念头:"以后我必须不要家,到广大的人群中去,但我在玫瑰树下颤怵了,人群中没有我的祖父。"

风悲日曛。生存对她来说,意味着冒险,在冒险中感受生机。有苦要诉,写作是最好的安慰,她隐约地看到了前途。聂绀弩曾对她说:"你要向上飞,飞得越高越远越好。"

3

　　爱情多半产生在幸福与痛苦的时候。幸福需要分享,痛苦需要分担。平庸的人,平庸的时刻,没有爱情。

　　爱情像苦难一样,与她形影不离。她被未婚夫所骗,作为人质险些被卖进妓院。与侠义的萧军相识,她获得了一种升华,但升华的背后,同时孕含了苦楚。她是敏感的,多疑的,甚而有点神经质。她过度地渴望爱,渴望关心与抚慰。但萧军是粗犷的,恰恰缺乏那种细腻。她受到的伤害太多了,需要补偿。而萧军却因一念之差,背叛过她。她无法原谅。——只有平静地分手了。萧军后来总结说:"如两个刺猬在一起,太靠近了,就要彼此刺得发痛(因为彼此身上全有刺),远了又感孤单。"(《萧红书简辑存注释录》)他们爱得太深了,太浪漫了,太诗情画意了。——爱极不生爱而生怨。分手就是永别了。

　　又有许多人追求过她。她在已有身孕的情况下,与端木蕻良结合了。以他们共同的朋友骆宾基在《萧红小传》里的说法,那种结合是悲剧性的。在病中,她说:"人类的精神只有两种,一种是向上的发展,追求他的最高峰;一种是向下的,卑劣和自私……作家在世界上追求什么呢?若是没有大的善良,大的慷慨,譬如说,端木,我说这话你听着,若是你在街上碰见一个孤苦无告的讨饭的,袋里若是还有多余的铜板,就掷给他两个,不要想给他又有什么用呢?他向你伸手了,就给他。你不要管有没有用,你管他有用没有用做什么?凡事对自己并不受多大损失,对人若有些好处的就该去做。"她是不幸的,在萧军之前与未婚夫所怀的女儿,因贫穷而留在医院里,下落不明,与萧军所怀的孩子又流产了,她的内心怎能不凄凉呢?

4

回想在上海居住的岁月里,鲁迅先生所给予的父爱,使她从心里感到温暖。

如果没有鲁迅先生的帮助,她在文学上会碰更多的壁,遇到更多的挫折。文艺界历来就不是净土,人闲嘴杂,人言可畏……,她总是怀着一种感激的心情想起鲁迅先生——但先生已经不在了。

她写《鲁迅先生记》:"我们在这边,只能写纪念鲁迅先生的文章,而谁去努力剪齐墓上的荒草?我们是越去越远了,但无论多么远,那荒草是总要记在心上的。"

从她的《回忆鲁迅先生》看到先生亲切、朴实、勤劳的身影。先生做事是极其认真的。就连包书这样的小事,都要做的方方正正,"连一个角也不准歪一点或扁一点,而后拿着剪刀,把捆书的那绳头都剪得整整齐齐"。在写作的习惯上,先生"写文章用的材料和来信都压在桌子上,把桌子都压得满满的,几乎只有写字的地方可以伸开手,其余桌子的一半被书或纸张占有着"。先生的日常用品也都是极普通的,先生多半在夜深人静时开始工作,直到天明。先生是消瘦的,先生在病重的时候还关心着她:"人瘦了,这样瘦是不成的,要多吃点。"先生不在了,先生对她的好处常在。

5

先生同情她的不幸,对她的爱护超乎寻常。先生在为她的小说《生死场》作序时,连指出不足都是委婉的,不易觉察的,"叙事和写景,胜于人物的描写"。而胡风写《生死场》后记时,则很坦率,除了激扬的文字外,同时指出短处与弱点:"第一,对于题材的组织力不够,全篇显得是一些散漫的素描,感不到向着中心的发展,不能使读者得到应该能够得到的紧张的迫力。第二,在人物描写里面,综合的想象的加工非常不够……。第三,语法句法太特别了,有的是由于作者所要表现的新鲜的意境,有的是由于被采用的方言,但多数却只是因为对于修辞的锤炼不够。"善意的批评是为了作者更好地发展。

她对自己有清醒的认识。她在致萧军的一封信里谈到,"灵魂太细微的人同时也一定渺小,所以我并不崇敬我自己,我崇敬粗大的、宽宏的!"

6

战火纷飞,贫病交加,客死他乡。

她患病住院期间,香港沦陷。她时常怀念鲁迅先生,她曾恳求朋友能将她送回上海,到许广平那里去,但夙愿未了。鲁迅先生不在了,她有些绝望了。

1942 年 1 月 19 日,患肺病却被误诊为喉瘤的她动过手术,痛苦万分,失去了说话的能力。她吃力地在一张纸上写:"我将与蓝天碧水永处,留得那半部'红楼'给别人写了。"又写:"半生尽遭白眼冷遇,……身先死,不甘,不甘。"(《萧红传》丁言昭。)

她三天后弃世。

7

她的骨灰葬于香港浅水湾坟地,1957 年 8 月 15 日迁葬广州东区银河广州革命公墓。她从事文学创作 10 余年,发表作品 100 余万字。

老舍

澄 清 如 无 波 的 湖 水

凡有血气的,尽都如草,他的美荣都像草上的花。草必枯干,花必
凋谢……

——《彼得前书》

他拄着拐杖从家里出走了,他感到自己老了、没用了。他听到小孙
女的声音:爷爷! 他知道自己要走了,他恋恋不舍地看着自己的家,他
含着泪对小孙女说:再见! 他知道自己再也回不来了。

他是一个平和的人,处处与人为善。他以为自己没有什么问题,他
不理解人们为什么那样对待他,憎恨他。那些用皮带抽打他的少年,还
有不少是女孩子……他想不通。在愚昧无知的狂热中,他不禁要问,是
谁给了他们这种暴虐的权利?他的忍耐是有限度的。他是一个清白、刚
烈的人。他把强加给他头上的那块牌子扔了出去,以自己微弱的力量
抗争。他被兽性的愤怒包围了,他感到眼前一片黑暗,什么也看不清
了。他的目光闪现出了一种绝望。

伤痕累累的他,步履蹒跚地走着。他没有告诉任何人,他要到哪里
去,他已经心力交瘁了。他想,一个读书人最珍贵的东西是他的一点气
节。他要保全这最后的一点气节。他不想苟活,不想说违心的话,做违

心的事。他是一位异常勤奋的作家。他相信自己的预感。他已经或将要失去自己的笔,失去自己发言的权利,而他曾经说过,"笔是我的武器,我的资本,也是我的命"。在这之前,他已经很长时间没有写出让自己感到满意的作品了;虽然,在数量上增加了许多,但艺术水平却明显地下降了,已经无法与自己过去的作品相比。苦在心里。他隐约地感到自己创作的资本已快消耗尽了。生命像一支燃烧的红烛,即将熄灭。

他几乎是不自觉地朝着那个方向走去,那里离他的家很远。他已经很长时间没到那里去了。他不知道这些年自己都忙了些什么。他从没在自己的作品中写到过那个地方,也从未对朋友提起过,他把那一切珍藏在了心里。沉重的宿命感压抑着他。他想到了一生劳苦的母亲,想到了那些痛心的往事。在他一岁半的时候,父亲遇难,死得很惨。他已经记不起父亲的长相了,只知道"面黄无须"。他认真、勤奋、柔中有刚的性格都是母亲给予的。他曾经说起过:"我之能长大成人,是母亲的血汗灌养的。我之能成为一个不十分坏的人,是母亲感化的。"他在痛苦、绝望的时刻最先想到的是自己的母亲。他悔恨自己,觉得对不起母亲,没能报答母亲的恩情。他想起青年时代是如何背叛了母亲包办的婚姻,母亲却含泪原谅了他。他想起母亲七十大寿时,他却在英国,他姐姐后来告诉他:"老太太只喝了两口酒,很早便睡下,她想念她的幼子,而不便说出来。"在流亡的岁月里,他写过一篇散文《我的母亲》,他说,"母亲怎样想念我,我可以想象得到,可是我不能回去。……人,即使活到八九十岁,有母亲便可以多少还有点孩子气。失了慈母便像花插在瓶子里,虽然还有色有香,却失去了根。有母亲的人,心里是安定的。……我正是失了根的花草。……她一生未曾享过一天福,临死还吃的是粗粮。"

母亲在哪里,哪里就是他最终的归宿。母亲曾经在北京西直门大街西北角的观音庙胡同居住过,那里有他的家;母亲是在那里去世的。他当时没能守在母亲的身边。他想到了补偿。他想和母亲守候在一起,永远也不再离开了。

他向那里走去。他是一位最合群又最孤独的人。在一个可诅咒的年代,他的痛苦无处诉说。他爱众人,但谁爱他呢!他默默地承受着内心的苦楚。在那些苦闷的日子里,他经常一个人孤独地走着,寻找着什么,回想着什么,心事重重。在很多年以前,他对张恨水说起过,一个文人的生命是经不住别人和自己摧残的。他神情抑郁地想,以往不论怎样窘困,怎样流亡、漂泊,那时候毕竟年轻,有饱满的创作热情,能写出自己愿写的东西,那时候有痛苦和失望,但隐约地可以看到希望,而现在年迈、多病都在困扰着他,才刚出了院、刚吐过血,却又遭到这样非人的虐待……,他感到绝望了,他不愿对任何人说。在他出走前的一刹那,他都没忘了安慰自己的妻子,让她去安心上班,"去忙自己的事,不用管他,他不会出事……"他就这样一个人走了。

1966 年 8 月 24 日,在北京北郊的太平湖岸边。从上午起,他默默地坐在那里,几乎是一动不动地坐在那里。他一直饿着肚子,他已经几天没有吃顿像样的饭了。他的思想比任何时候都更加清晰。他是一个总想帮助他人的人,最终却不能帮助自己。他是穷苦人家出身,他只是一个平民,他以为"穷人的狡猾也是正义"。他的悲观使他看轻了自己的生命。他不断地回想着自己一生的经历，还有哪些对不住人的地方，还有哪些没有完成的作品。他反省、剖析着自己。他曾这样总结自己说，"我不希望自己是个完人，也不故意的招人家的骂。该求朋友的呢，就求；该给朋友作的呢，就作。作的好不好，咱们大家凭良心。所以我很和气，见着谁都能扯一套。可是，初次见面的人，我可是不大爱说话；特别是见着女人，我简直张不开口，我怕说错了话；……因为对事轻淡，我心中不大藏着计划，做事也无须耍手段，所以我能笑，爱笑；天真的笑多少显着年轻一些。……我愿意老年轻轻的，死的时候像朵春花将残似的那样哀而不伤"。他喜爱孩子的天真，他觉得孩子可看的书太少了，他有过给孩子们写作童话的愿望。他还说，"偶尔看见个穿小马褂的'小大人'，我能难受半天，特别是那种所谓聪明的孩子，让我难过。比如说，一群小孩都在那儿看变戏法儿，我也在那儿，单会有一两个七八岁的小老头说：'这都是假的！'这叫我立刻走开，心里堵上一大块。世界确是更'文明'了，小孩也懂事懂得早了，可是我还愿意大家傻一点，特别是小孩子。假若小猫刚生下来就会捕鼠，我就不再养猫，虽然它也许是个神猫。"他在年轻时候起了笔名老舍，看上去很苍老，其实他一直保持着一颗童心，一颗朴素、真挚的平常心。

他爱花、爱诗、爱生活中一切美好的事物。他把养花当成生活的乐趣，他了解花的习性，什么花喜爱阳光，习惯干燥，什么花喜欢阴凉、潮湿。他将花赋予了人的性情。他在自己的院子里种满了花草，他以为花也是有性灵的。他尤其喜爱生命力顽强的花，比如菊花，红的，紫的，白的，黄的，绿的……，还有牡丹、昙花、剑兰、大桂花、石榴花……，每当花季来临,他的院子里只要弥漫着一种花的馨香。他便会感到欣喜。他愿意莳弄花草,就像对待人一样,他说,"我只养些好种易活、自己会奋斗的花草"。他还记得有一年夏天,邻居家的墙在暴雨中倾倒了,砸死了他家三十多种、一百多棵菊秧,他难过了好几天……他又是好客的,在鲜花盛开的时候,他常常邀朋友一起来赏花,他还不时地送花给朋友。他称赞菊花说:"菊花之隐逸者也。"他种植最多的就是菊花。

他的人品好,他的书生气、书卷气很浓,对人很平易。据汪曾祺回忆说,"老舍先生爱才,对有才华的青年,常常在各种场合称道,'平生不解藏人善,到处逢人说项斯'。而且所用的语言在有些人听起来是有点过甚其词,不留余地的。"叶浅予曾为他画过一张速写,他平静、安然地坐在花丛里,微笑中有一丝淡淡的忧郁。他的周围是绿叶和花,有怒放的,有盛开的,有含羞的……,都是最美的花。

一个热爱生命的人,他清楚美好的事物往往都是短暂的。……他什么时候走到了那里?太平湖,芦苇、杂草丛生,有一种荒凉、苍茫、空旷的感觉。他长久地坐在那里,想自己的心事。他是一位作家,他想写,却又无处可写,他说过,"当你写不出字来的时候,你比谁的苦痛都更大。"他不时地看一看澄清、无波的湖水,想着生命最终的归宿。他爱水的柔和、清洁、平静,他写过北京的护城河、什刹海、龙须沟,写过济南的大明湖、昆明的翠湖,写过重庆的嘉陵江……,他对水怀有深情。

他从小瘦弱,但他内心却无时不向往着英雄的气概。他的脸色常常是苍白的,头晕、贫血病一直折磨着他。在山东大学做文学院教授的时候,有一次,他讲文学作品中的典型形象,以为坏人大都是脑满肠肥、一脸横肉的大胖子。

在他之后,梁实秋则说,"就我个人所知,中外文学作品中的坏人都是些瘦子,脖子细得像猴儿一样……"他们两个人正是一瘦一胖,心胸却大不一样了。

他在散文《一封信》里唱叹,"……自恨力短,便不由得想到了一般文人的瘦弱单薄。文人们,因生活的窘迫,因工作的勤奋,不易得到健壮的身体;咬牙努力,适足以呕血丧命。可是他们又是多么不服软,爱要强的人呢。他们越穷越弱,他们越不肯屈服,连自己体质的薄弱也像自欺似的加以否认或忽略。衰病或夭折是常有的当然结果,文学史上有多少'不幸短命死矣'的嗟悼呢!他们这样的不幸,自有客观的、不可避免的条件,并非他们自甘丧弃了生命。"

他这是在写自己呵!

人的出生和死亡都伴随着痛苦、挣扎、哭泣。人的孩提时代与暮年也会有某种相似。"好人自杀的多,跳河的多。"他平和地坐在那里,四周没有人。

他一面想着什么,一面自问自答。

"用不着为自己吹牛啊,拿古人的著作和自己的比一比,自己就会公平地给自己打分数了。"

"他只有一朵花,却是玫瑰。"

"我们连时间都不怕了,还怕什么。"

"她活着了。他也活着了。他们自由了。"

爱生活爱得太深,所以,才会一次次地想到写,写到死。那一会,他有一种说不清的空虚、苍凉；活着，究竟为了什么？从发表第一篇小说起，几十年过去了，该说的话都说了，该写的都写过了，还有什么可说的呢！

谁也不清楚他究竟在湖边坐了多久，他是什么时候离开的。有人推断是在午夜，他把上衣制服、眼镜、手杖和钢笔，放在了岸边。那一会，他大概听到过一种呼唤："离开这世界吧，正和你来时一样。你由死入生的过程，无畏惧亦无忧虑的，再由生入死走一遍吧。你的死是宇宙秩序中的一段；是世界生命中的一段。"

他平静地走向了湖水，平静地向着母亲所在的方向走去……，他澄清如无波的湖水。

他的一生不欠任何人，不负任何人。他一生为人民写作，一生都在感恩和报答。他遍体鳞伤地走了。一张破席盖在他的身上，连骨灰也被遗弃了……他生前说过，"人民是理解我的"。

傅雷

他 本 性 爱 好 完 全 的 美

1

1966年9月2日深夜或9月3日凌晨，傅雷先生和他的妻子朱梅馥在上海含冤弃世。身边没有亲人。长子傅聪在英国。次子傅敏在北京。那是一个动乱的时代，是纯洁、善良的知识分子遭难的时代……许多正直的人以死抗争。

我含着泪读他的遗书。

他孤立无援。他本性爱好完全的美。当现实冷酷地扼杀了他一生信奉的理想，当社会的渣滓被推上历史舞台，当身遭诬陷却有口难辩的时候，一生认真、清白、敬业的他，只感到无路可走了。

在弥留之际，他还挂念着他们家的保姆："旧挂表(钢)一只，旧小女表一只，赠保姆周菊娣。""六百元存单一纸给周菊娣，作过渡时期生活费。她是劳动人民，一生孤苦，我们家不愿她无故受累。"像他那样高贵的人，那样处处为别人着想的人，此时此刻，却无力帮助自己。他想到了自己的后事："现钞53.30元，作为我们火葬费。"一位爱国的知识分子，一位杰出的翻译家，一位德艺俱佳、人格卓越的艺术家，就这样从容、坦荡地离开了这个他热爱的人间，含冤弃世。

2

　　八十年代初,我读《傅雷家书》,便被他那美好的情怀、渊博的知识、严谨的治学感动了。

　　他为傅聪开的书目有国外的《艺术哲学》、《贝多芬传》、《今代音乐家》、《古代音乐家》、《约翰·克利斯朵夫》、《恋爱与牺牲》、《少年维特之烦恼》、《邓肯自传》、《卓别林自传》……;国内的有《道德经》、《古诗源选》、《世说新语》、《唐五代宋词选》、《关汉卿剧作选》、《元明散曲选》、《儒林外史》、《人间词话》、《敦煌壁画选》,还有冯沅君的《中国古典文学小史》、曹禺的《日出》、盖叫天口述的《粉墨春秋》、陈老莲的《花鸟草虫册》、《黄宾虹墨笔山水册》等。他认为,中国有史以来最好的文学评论是王国维的《人间词话》,因为它能开发性灵。

　　我相信他的话,我曾经按他所提到的那些书目买书、读书。在艺术上,的确像他所说的那样,"花多少劳力,用多少苦功,拿出多少忠诚和热情,就得到多少收获与进步"。他给傅聪的信,对有追求,有志向的青年同样是有益的。"要有耐性,不要操之过急。"越是心平气和,越有成绩。时时刻刻要承认自己是笨伯,不怕做笨功夫,那就不会期待太切,稍不进步就慌乱了。"他发自肺腑的告诫和提醒,值得铭记。他说,"真正的艺术家,名副其实的艺术家,多半是在回想中和想象中过他的感情生活的。唯其能把感情生活升华才给人类留下这许多杰作"。仔细想想,人的时间和精力是有限的,无谓的消耗使许多有才华的人变得轻薄、浮躁——这恰恰是艺术创作的致命伤。

他的家书，是一本有关青年人修养的书，一本好书。

3

如果想全面地认识一个人，那么，一、看他做什么事；二、与什么人交往、读什么书；三、说什么话、写什么；四、他所处的时代、所受的教育，他的家庭……

我不知道别人怎么看，在我所读过的翻译作品，尤其是法国文学中，我最愿读的就是他的译文。像《贝多芬传》、《弥盖朗琪罗传》、《托尔斯泰传》，都曾举一反三地读，去领悟精神的实质。一部传记，倘若传主、作家、翻译家三者之间没有发生共鸣，没有后者对前者强烈的认同感，那么，很难达到自然、朴素、和谐的境界。

罗曼·罗兰写《贝多芬传》，希望呼吸到英雄的气息，使受伤而窒息的心灵重新振作起来。他引用贝多芬的话说："凡是行为善良与高尚的人，定能因之而担当患难。"傅雷译这部书也是希望能有更多的人抱着"我不入地狱谁入地狱"的追求真理和正义的精神。贝多芬、罗曼·罗兰的人格深深地感动了他，激励着他，从性格上说，他们属于一种类型的人，有这样的境界："除了仁慈以外，我不承认还有甚么优越的标识。"

在贝多芬那里听到的是命运抗争的声音，是不屈不挠的；在弥盖朗琪罗那里看到的是英雄在苦难中挣扎、奋斗的雕塑，同样是不朽的。塑造他人，同时也是塑造自己，完善自己。他们身上，有美和诗意，他们是忠实于生命体验的人。苦难、病痛使他们感受到了生活的艰辛、缺陷……他们在艺术和想象中寻求补偿，奉献真诚和美。他们时常帮助比自己穷苦的人，他们的名字像日月星辰一样永恒。而在托尔斯泰那里，也会有怀疑、犹豫、焦虑，但更多的却是爱、慈善、施舍，他的创作有着很强的自传性，宗教的忏悔，人性的力量。他以为，"在每个人底灵魂中，潜伏着高贵的火焰，有一天会使他成为一个英雄。"《战争与和平》是伟大的史诗。《安娜·卡列尼娜》是表现家庭关系的挽歌。《复活》有关灵魂的拯救。对托尔斯泰而言，写作是一种本能。他在生命的最后瞬间说："大地上千百万的生灵在受苦；你们为何大家都在这里只照顾一个雷翁·托尔斯泰？""死，该祝福的死……"

读英雄的传记，你不一定能成为英雄，但至少可以远离卑俗、低劣的偏见，接近一点理想中的人和事。

4

有时候，真希望能有在天之灵，那么傅雷一定会为有傅聪这样的长子感到欣慰。在那个苦难的年代，傅聪被认为是他教育出的一个叛徒。他的痛苦无法言说。过早衰老的他感到了绝望。

他曾写过一些谈音乐的文章，后来被编成了一本书《与傅聪谈音乐》。他对音乐家的认识和评论非常透彻。比如莫扎特那忍耐和天使般的温柔，他自己痛苦的时候，还要去安慰别人。听他的音乐，谁能想到他在现实中所遭受的那些磨难、忧患。一个将生活的不幸化为了音乐中的愉悦的人，被艺术升华了，那不断的创造使他获得了心理上的平衡。

傅雷先生对比着说，"假如贝多芬给我们的是战斗的勇气，那么莫扎特给我们的是无限的信心"，"莫扎特的作品不像他的生活，而像他的灵魂"。他的心灵是更贴近莫扎特的，贴近幸福的灵魂。

在艺术创作活动中，必须将个人的位置摆正，否则，就会出现倾斜。傅聪喜欢一句外国话："让音乐自己说出来。"他继承了傅雷先生自我反省的精神，说起练琴，他感慨道："一天不练，自己知道；两天不练，朋友知道；三天不练，听众知道。"对于喜欢读书、写作的人，是不是也是这样？

不管从事什么，一个人投入的精力，所下的功夫，所达到的程度，自己应该清楚，应该有理性的认识。在他们父子身上，最可贵的就是真实，是独立思考的个性，是始终保持着赤子之心。

5

傅雷的真诚、纯洁、坦率、脆弱是造成他不幸的根源。在一场浩劫到来时，许多人戴上了面具，许多人逢场作戏，许多人开始调整自己，而他不会，还是过去的傅雷，不顾个人的利益，向往理想中的人生，不知道狰狞的魔鬼会随时出现。这一切注定了清高、孤傲的傅雷的命运是悲苦的。他已在劫难逃。

丹纳的《艺术哲学》是他推崇的一部书。从中可以看出，很多杰出的艺术家常常是生活中的失败者。他们将生活和艺术融为一体,将卑琐的生存境遇超越到了精神的高度。假如说"艺术家创作的时候只凭他个人的幻想,群众赞许的时候也只凭一时的兴趣,艺术家的创造和群众的同情都是自发的,自由的,表面上和一阵风一样变化莫测",那么,也可以从它的反面去理解,当憎恨、愤怒的情绪爆发的时候,突如其来的悲哀也就随之发生了。

那时候,群众的力量是强大的,过去能将你推得有多么高,现在就可以把你贬得有多么低。盲目、集体无意识的行为!法不责众的观念!事件过后,谁来承担历史悲剧的责任,谁认真地反思、忏悔过?

他对艺术的贡献,他对外国优秀文化的传播,他高贵的人格,在特定的时期,不仅不能证明什么,反而成为他的罪状,成为他的墓志铭。谁还记得他翻译过多少优美动人的篇章?"人人知道一个艺术家的许多不同的作品都是亲属,好像一父所生的几个女儿,彼此有显著的相像之处。"在熟悉了一位艺术家之后,不用看名字也能认出他是谁。既可以从作品中看出他的性格,也可从性格中找到作品的影子。可以说,每一件作品都是时代和风俗的产物,但翻译作品的制约相对少一些,他的创作比较超脱,而在那时多数作家走了下坡路,已身不由己。

丹纳说:"诗是一种歌唱,散文是一种谈话。"还说:"文明过度的特点是观念越来越强,形象越来越弱。"今天,在歌唱中,流行的话语,只有一种调子,失去了个性和真情,在谈话中,听不到发自内心的倾诉,只有装腔作势、矫揉造作的表演和琐碎的唠叨,缺少扣动人心的朴素与智慧,观念像一片沙漠,多么希望看到形象的绿洲、驼鸟。

每一位真正的艺术家都会有自己的形象,他们在自己的创造中获得了永生。米开朗琪罗在那个沉睡的雕像的底座上刻下过这样一段话:

只要世上还有苦难和羞辱,睡眠是甜蜜的,要能成为顽石,那就更好,一无所见,一无所感,便是我的福气;因此别惊醒我。啊,说话轻些吧!

6

翻译是沉重的事业。越是优秀作家的作品,越需要优秀的人去翻译。

他译巴尔扎克,《人间喜剧》即人间悲剧。巴尔扎克在最初创作时说:"克雷毕翁让我稳住神,伏尔泰吓得我发呆,高乃依使我振奋,拉辛叫我绝望。"这是作家对作家的影响。那些小说使人相信,"凡是小说家自以为凭空捏造出的丑史,和事实相比之下真是差得太远了"。

他译《约翰·克利斯朵夫》,并和罗曼·罗兰通信。十年构思,十年写作的经历。罗曼·罗兰将书献给各国的受苦、奋斗、而必战胜的自由灵魂。求学时期的罗曼·罗兰,"有一天(1890年春天),他到罗马郊外散步,夕阳西下,彩霞满天,他站在山丘上眺望,突然灵机一动,仿佛瞥见了远远地出现在地平线上的、他将要在小说中塑造的英雄人物的面影"。由此诞生了一部巨著。

还有莫罗阿的《恋爱与牺牲》,是有关歌德写《少年维特之烦恼》和英国小说家李顿的故事,他曾将书推荐给傅聪的妻子。再就是论婚姻、父母与子女、友谊、政治机构与经济机构、幸福的《人生五大问题》,那时他就已经认识到了,"在此人事剧变的时代,若将人类的行动加以观察,便可感到一种苦闷与无能的情操。什么事情都好似由于群众犯了一桩巨大的谬误,而这个群众却是大家都参加着的……"

他已隐约地有过一种预感,一种不祥的预兆,后来果然应验了。他知道翻译比其他形式的写作更具有可选择性,在他的译文集中,那些作家、作品一定启发过他,震撼过他,使他对人、自然、艺术有更深、更清醒的把握,他翻译的方向性很强,他遗留下的著作,都是对后代有所启迪的好书。

7

我怀着感激的心情写这篇文章。他是我热爱的翻译家。他说过的话深入人心。十几年来,我在感到孤独的时候,常常找出他的书来读,就像坐在一位长辈的身边,听他讲述过去的故事:栩栩如生的英雄人物,为了美和艺术而受苦的人们,那些发生在异国他乡的事情……,我似乎长大了许多,我渐渐地懂得了一点浅显的道理,什么更重要,什么微不足道,什么值得永远珍惜。他是那么专注、耐心,那么真挚、投入,那么善良、朴素……,一个和善、睿智的老人!

在贫乏的岁月里,他曾给我勇气和信心,给我进取的动力;在到处都有缺陷、倾轧、苦难的世界上,他本性爱好完全的美。

艾青

当 年 我 有 一 支 芦 笛

1

也许每个人的心里都曾经有过一支芦笛，但不知道什么时候，那支芦笛失去了，再也找不回来了。

我们可以将芦笛想象为一种诗意，一种美好的情怀；如果谁能够用语言表达出来，那么谁就是诗人了。那是许多人心里有而笔下无的感觉，是一种深情。

1933 年 3 月 28 日，仅有 23 岁的艾青在狱中创作了诗歌《芦笛》，是为了纪念法国诗人阿波里内尔。他开始便引用了阿波里内尔的两句诗：

当年我有一支芦笛
拿法国大元帅的节杖我也不换

在苦难的日子里，他寻找着寄托。他回忆起在巴黎那精神上充实而物质上窘困的三年，默念着波德莱尔和兰波的诗。时光像一个贪婪的赌徒。一个失去了自由的青年怀想远逝的岁月，唱出了那个时代的哀歌。

生命中最珍贵的东西是无法用权力和金钱去交换的。他有一支芦笛,他曾经自矜地吹,人们看不惯他的姿态,听不惯他的声音,因为那是自由的、人性的、美的声音。而恰恰是崇高、神圣、光荣、自由、博爱……这样的字眼,常常被亵渎、被玷污。

芦笛不在他的身边。黑暗的罪人,光明的盗火者。一面是对过去的追忆,一面是对未来生活的向往。

2

本世纪三十年代是艾青人生最不幸而诗歌创作最有收获的年代。他的诗为中国现代自由诗的写作提供了一种范本。尤其是《大堰河——我的保姆》。有过乡村生活体验的人,大概都不同程度地有过那种感受。我还能清晰地记得十多年前外祖母、大姨去世的时候,我读着这首诗流泪,被真情感动:"大堰河,在她的梦没有做醒的时候已死了。/她死时,乳儿不在她的旁侧……"大堰河,是一切慈祥、善良、勤劳、朴实、真诚的母性的象征。在我所读过的白话诗中,还不记得有哪一首诗像她那样深刻地震撼过我的心灵,那是对于不公道的世界的咒语,是呈献给一位爱别人的孩子像爱自己的孩子一样的农村妇女的赞美诗。

从他的诗歌也可以领悟出:生命、情感的深度也就是诗歌的深度。他是一位太阳与雪孕育的诗人。像纯洁、冷彻心骨的雪,典型的作品有《雪落在中国的土地上》。

在寒冷的季节里，他感到："风，/像一个太悲哀了的老妇，/紧紧地跟随着/伸出寒冷的指爪/拉扯着行人的衣襟，/用着像土地一样古老的话/一刻也不停地絮聒着……/那从林间出现的，/赶着马车的/你中国的农夫/戴着皮帽/冒着大雪/你要到哪儿去呢？"

雪是为他下的，是纯粹、透明、沉静的，是怀念和感唱：

中国的路

是如此的崎岖

是如此的泥泞呀

要么就如阳光般的挚热。他的《向太阳》将诗歌的激情发挥到了极致。在光明和希望中，他被引导着，他说："我不再垂着头，把手插在裤袋里了/嘴也不再吹那寂寞的口哨/不看天边的流云/不彷徨在人行道。"他正在由一个写作的诗人向着行动的诗人转变。他抒发道：

这时候

我对我所看见所听见

感到了从未有过的宽怀与热爱

我甚至想在这光明的际会中死去……

在他所有的诗中，我最热爱他写于三十年代的诗；在这些诗中，我更加珍爱他的《芦笛》、《大堰河——我的保姆》、《雪落在中国的土地上》、《我爱这土地》、《太阳》、《向太阳》、《吹号者》、《黎明》。那是他诗歌的高峰。

3

进入四十年代，作为一个人，他是更杰出；但他的诗艺却似乎不如三十年代了。

半个多世纪过去了，时光冷酷地注视着那个时代所遗留下的文字。而作为一个爱慕他和他的诗歌的晚辈，大概不无片面地感到一种失落。在他的诗中，能显示他个性的是《冬天的池沼》、《树》、《时代》。诗中的激情、美感、灵性，都不像过去那么丰富、充实了。是的，那是一个英雄的时代，救亡的时代，没有什么比行动更有意义、更有价值的了。他放弃了自我，他看到了时代所闪烁出的光芒，他说，"我的心追赶着它，激烈地跳动着/像那些奔赴婚礼的新郎……"

他也会在别人不知道的地方感到空虚，但他对那个时代的热爱已超过了他曾经爱过的一切。他感到个人的卑微，他是一位真正的革命者，他清楚自己的使命，清楚自己最终要为什么付出牺牲；同时，他也是一位举着火把的诗人，他的火把是用眼泪点烧起来的。他曾大声地说：

只是火把的光，

灼得我难受……

　　面对优秀的诗篇,有时不能不相信神示,不能不相信冥冥之中有一种补偿和启迪。而且,在我们这个诗的国度里,诗人创作上的成就往往与他的地位成反比。即使像他那么清醒、明智、深沉的诗人,也没能挣脱出这种命运。有一天,他自己一定认识到了这种悖论,他心里一定有过一种苦涩。

　　　　4

　　而相对于他所处的时代,客观地说,他的诗歌都是优秀的。他的诗汲取了现代西方诗歌的精髓,推动了现代汉语诗歌的进步。但纵向比较,五十年代之后,相对于他个人,他的诗歌已不如过去了。诗人在不知不觉中丢失了那支芦笛……再也没有以往那鲜活的意象了,再也没有那种陌生化的效果了,再也没有那种深度、力度了。

　　思想的概念化,没有以前的美感了。虽然,诗人受难过,痛苦过,但毕竟与过去不一样了。诗人的心已经苍老,已经失去了对语言的那种敏感。在三十年代,他曾经写过一首《灰色鹅绒裤子》的诗,60 年之后,他还能记起:好像我没有来到这世界上之前,我曾穿过这裤子的……这种感觉能够唤起人们许多美好的共鸣。为了这句诗,他不知修改过多少次;这也使我在读过许多次之后,还想读。那便是诗歌所应有的魅力罢。

　　人需要和自己对比。人是他自身的参照。好诗永远比个体生命活得长久。当读他的一首好诗的时候,我曾经产生过这样的体验——他的诗是为我写的,我也曾那么想过……

5

像热爱他的诗一样,我同样热爱他早期的诗论。

"过度的愤怒和过度的悲哀都产生诗歌。"诗歌是感情,是经验,是语言的结晶。将诗与诗人对照着想,有时候诗与诗人同样优秀,有时候诗不如他的人或人不如他的诗。我解释不清为什么,但能感觉到。这种带有普遍性的现象,使那些头脑清醒的读者感到失望或者惊奇。对此也只有多到诗之外去联想了。

诗要具有口语的朴素。最单纯、明了的,可能最打动人心。他多次提到一位工友在墙上写的一张通知:安明,你记着那车子!

这就是诗,是自然流露出的诗,是那些刻意做诗的人所没有的。而且,那种鲜活、润泽的感觉正在从许多写诗人的身上失去,陷入重复操作的泥潭。

面对一些似曾相识的文字,实在无话可说。

比起其它的文体来说,诗更具有一种自传性,更需要潜质和魅力,更需要美。

而他说,"'美'之不守贞操,比娼妇还不如。任何时代的生活的新的观念,都可把它奸淫。"

他是真正的诗人,他看到了自己的同类,他说:"好像你们所负的债很重,你们老是终日惶惶,不安于享受一粟半缕的人群的恩赐,羞愧于在劳力者以血汗铺成的道上散步。你们的存在,比影子更萎缩,比落叶更不敢惊动人;而你们的话语终日如此凄惶,使一切天良未泯者闻之堕泪……"(《诗人论》)

那些想成为诗人的人,记住他的话吧,那就是诗人的形象,没有任何优越感可言。诗人是属于底层和民间的。

他是一位具备现代意识的诗人,他原本是学绘画的,他原本可以成为一位画家,但黑暗剥夺了他的画笔,在被囚禁中,只能写心中的诗了。

在对他产生过影响的外国诗人中,波德莱尔是一位,他们同样表现出了"纯粹的愿望、动人的忧郁和高贵的绝望"。读他们的诗,都会看到一种画面,生活的底色是灰的,是红色的,是痛苦的,是生命的礼赞和哀歌。许多歌手,应和着那种声音。诗人是这样一种人——

你给我污泥,我把它变成黄金。

还有兰波,精通炼金术的诗人。他对自己说:"我写出了寂静无声,写出了黑夜,不可表达的我已经作出记录。"他赞美道:"人类的劳动!这就是时时照亮我的黑暗深渊的那种爆发。"

他知道每个诗人都有自己的诗神,是大地、是血脉,是自己独有的民众造就的。

惠特曼的《草叶集》,以美洲那最原始的活力,叙说自然;马雅克夫斯基以他豪放的口号,歌颂正义;叶赛宁,俄罗斯完美而忧郁的田园诗人,为时代,也为自己唱出了挽歌;凡尔哈仑,在现代工业的污染、喧哗

中,彷徨和思索;还有作为英雄和战士的希克梅特,烈士的血痕比诗更
激励人,更震撼灵魂,共同的理想和遭遇使他的怀念文章和诗人一样
不朽。诗歌是他们"伟大的愤怒的火焰和骄傲的希望"。

诗没有国界,不受时空的限制。他与智利诗人聂鲁达的友谊本身
就是一首诗,一首人与人心灵的共鸣曲。首先,他们对诗歌的理解是一
致的。"像火一样灼热,像雪一般轻盈、清新。"他们的相遇、相识短暂而
永久。他们是诗与战士的兄弟。正当聂鲁达获诺贝尔文学奖的1971
年,艾青正在新疆受苦和改造,在一个蔑视、亵渎诗的时代,他沉默了,
他那时不会向聂鲁达一样信心十足地说:

吟唱诗歌决不会劳而无功!

7

对比就是学习。把他的诗与他同时代的中国诗人徐志摩、戴望舒、
何其芳比较,能获得一些启示。

徐志摩是一位浪漫主义的诗人,才华横溢,像一匹野马,失之于狂
和浮躁,而《再别康桥》,近于天籁;戴望舒要沉静得多,《雨巷》美而忧
郁,是现代主义文学的杰作;他们同样接受了西方文明的浸淫,既创
作,又能翻译;同样命途多舛。艾青曾写过《望舒的诗》,以纪念这位有
着丰富才能的诗人,从感情上说,他与徐志摩远,与戴望舒近。

在人生道路的选择和生命的行为方式上,他与何其芳有许多相似

的地方;在性格上说,他们之间却有很大的差异:他豪放、达观、外露,何其芳细腻、委婉、内向;从年龄上说,他比何其芳大两岁;从地域上说,他生于浙江金华,何其芳生于四川万县;都是地主出身,都背叛了家庭,投身于革命,又都受过歧视和迫害。在他们之间有过误解。

1939 年,他写了一篇《梦·幻想与现实》,批评何其芳的《画梦录》;之后,何其芳写了《致艾青先生的一封信》,为自己辩白。但最终他们还是走到了同一条路上。风格的不同,并不影响他们作为优秀诗人的存在。

何其芳曾反省过自己的创作:"当我的生活或我的思想发生了大的变化,而且是一种向前迈进的变化的时候,我写的所谓散文或杂文却好像在艺术上并没有什么进步,而且有时甚至还有些退步的样子。"(《散文选集》序)

这种现象不仅仅反映在一个人的身上,许许多多的人都有过,但大多不愿正视、不愿承认这种冷酷的现实而已。

一个人怎样才能守住心中的那支芦笛呢?让它始终吹奏出美好的声音,让它去抚慰那些善良、劳苦的民众的心灵。

朱自清

桨　声　灯　影

1

有的人,读他的书,敬重他的为人——深沉、凝重、尖锐;有的人,读他的书,倾慕他的为人——亲切、淡泊、平实。朱自清属于后一种人。

他有一颗平常心。以兴趣为主,以真挚为怀,即兴写作。他个子不高,不大爱说话,没有架子,务实而不求名。他刻苦耐劳,不求高远,喜欢窄而深地研究学问。他的自律性很强,"己欲立而立人,己欲达而达人"。他反对"遇饮酒时便饮酒,得高歌处且高歌"的人生观。他相信"上下古今一冶,东西学艺攸同"的道理。

在那个动乱的时代,他希望能有一片平静的地方,多读几本好书,多写几篇自己满意的文章,"找一件事,钻了进去,消磨了这一生"。但他不可能找到那种地方。生活的艰辛,家庭的拖累,都使他无法超然。他的性格过于认真、细致,"于一言一动之微,一沙一石之细,都不轻轻放过","不注重一千一万,而注重一毫一厘"。

在创作上,他的诗文,以小见大,于桨声灯影中,有一种别人不可替代的美;在学术上,他力避个人好恶,没有门户之见;在课堂上,他很少讲自己的作品。在偶尔谈到自己时,他说:"我写的是些个人的情感,大半是的。早年的作品,又多是无愁之愁,没有愁偏要愁,那是活该。就让他自个儿愁去罢。"①他极力推荐文学新人的作品。

他敬业。他对中文系的学生说:"一个人无论做中学教员或其他职工,一定要先把应该做的本分工作做好,这样人家才会相信你。"他的一生,是从象牙之塔走向十字街头的一生,光辉的一生。

2

从一种声音可以辨别一个人。他曾写过一篇说理性散文《说话》:"中国人很早就讲究说话。《左传》、《国策》、《世说》是我们的三部的说话的经典。一是外交辞令,一是纵横家言,一是清谈。"②他本身也是一个"说得少,说得好"的人。

他对南京,尤其是秦淮河,怀有特殊的感情。学中文的人大概不会不知道他的美文《桨声灯影里的秦淮河》罢。他和俞平伯在船上遇到歌妓时的一段对话,以及他的自白,使人不难了解他的个性。

秦淮河的夜晚,妩媚动人;纸醉金迷的灯光,闪闪烁烁;一个伙计跨过船来,递给他一本歌谱说:"点几出吧!"

他瞥了一眼歌妓,勉强翻了一下歌谱,赶紧递还给伙计,羞涩地说:

---

① 《朱自清传》陈孝全著,第 143 页。北京十月文艺出版社。
② 《朱自清全集》第三卷,第 340 页。江苏教育出版社。

"不要,我们……不要。"

他为自己的拒绝,一面如释重负,一面又觉得抱歉,担心由此伤害了她们。他既被歌声诱惑,希望听到妙音,却又有太多的顾虑,太多的制约;灵与肉的冲突;他解释说:"一、在通俗的意义上,接近妓者总算一种不正当的行为;二、妓是一种不健全的职业,我们对于他们,应有哀矜勿喜之心,不应赏玩的去听他们的歌。"

他是矛盾的。对于周作人的诗:"因为我有妻子,所以我爱一切的女人;因为我有子女,所以我爱一切的孩子。"他和俞平伯都有同感。但"他因为推及的同情,爱着那些歌妓,并且尊重着她们,所以拒绝了她们"。

所以,他怅怅的,有一种失落。在沉默中,"静听那汩——汩的桨声,几乎要入睡了……"上岸之后,他感受到一种幻灭。

多年后,他的爱人陈竹隐同他开玩笑说:

> 我看过一篇叫《桨声灯影里的秦淮河》的文章,把那儿写得那么美,其实不过是一湾臭水,真是文人哪,死人都说得活![1]

南京是值得他留连的地方。他有一篇游记《南京》:"逛南京像逛古董铺子,到处都有些时代侵蚀的遗痕。你可以摩挲,可以凭吊,可以悠然遐想;想到六朝的兴废,王谢的风流,秦淮的艳迹……"他习惯在夏

---

[1] 《朱自清传》第 169 页。

天去南京,他去过玄武湖、清凉山、莫愁湖、明故宫、雨花台、燕子矶……,他把这一切都变成了美文。——他的祖籍是浙江绍兴,他却愿意自己是江苏扬州人。他爱扬州,他说他与扬州的关系,像古人所说的"生于斯,死于斯,歌哭于斯"。

3

每天都可以看到许许多多的背影,大半是模糊的;在他之前之后,也曾经有不少人写过背影,但大多都忘却了。惟有他所写的《背影》,却时常记起。慈父的形象,时时唤醒着记忆。在这个冷酷的世界上,谁是最爱你的人,谁对你有情有义?谁对你无微不至地关怀过?你以什么去报答?

车站,永远是聚会和离别的地方。为此伤神,为此兴奋。父子情深。在南京,父亲去送他。在车站,他说:

"爸爸,你走吧。"

他的父亲往车外看了看,说:

"我买几个桔子去。你就在此地,不要走动。"

他站在那里,看到父亲穿过铁道,爬月台时的背影,他流泪了;父亲回来,"过铁道时,他先将桔子散放在地上,自己慢慢爬下,再抱起桔子走"。父亲把桔子留下,扑扑衣上的泥土,然后说:

"我走了,到那边来信!"

父亲走了,融入人群中。他不断地忆起父亲"肥胖的,青布棉袍,黑布马褂的背影"。

那正是千千万万个普通人的父亲的背影——永远不可磨灭的背影。

4

以白话写作的散文，百读不厌、朗朗上口、适宜于背诵的微乎其微。但在这其中，他的《荷塘月色》却迷醉过许多读者的心，尤其是开始爱好文学的青年。

他描写的北京清华大学里的那片荷塘，如诗如画，情景交融。是很多人心中有，笔下却无的一种情怀。

大概每一个热爱文学的人，在心情寂寞的时候，都愿意走一走，或者沿着胡同，或者沿着田埂，或者像他那样沿着荷塘，在淡淡的月光中，走到自己愿去的地方。途中的体验是美好的。他自言自语地说："我也像超出了平常的自己，到了另一个世界里。我爱热闹，也爱冷静；爱群居，也爱独处。像今晚上，一个人在这苍茫的月下，什么都可以想，什么都可以不想，便觉是个自由的人。白天里一定要做的事，一定要说的话，现在都可不理。这是独处的妙处；我且受用这无边的荷香月色好了。"

《荷塘月色》像莫扎特的一首小夜曲。单纯、清澈、透明。他追求语言的乐感，灵与肉的平衡。也只有像他那样心地纯洁的人才能写出那么纯洁的文字。

去过清华园，看过那片荷塘的人，没有不失望的。与他的美文相比，落差太大。他的文字不像他的生活——家庭负担重，孩子多，日常生活琐碎;而像他的灵魂——爱好美,喜欢音乐,向往超凡脱俗的境界。

他是温和的。在纷争中,他隐隐地逃避着什么。对于人性凶残的一面,他无能为力;他遁迹于自然和艺术中,好像在他之前还没有人这样想象、观察、写作……

5

凡是受过外国文学影响,爱好新诗的人,大都喜欢英国诗人济慈。人和诗都有一种魅力。

他有过一次公费出国游历的机会。到英国后,他寻访济慈在伦敦的故居。——其间有特殊的意义。诗人在那里恋爱,在那里受人攻击,在那里读书,并写下不朽的诗篇。诗人和他的朋友布朗一起在那里居住。"屋后是个大花园,绿草繁花,静如隔世;中间一棵老梅树,一九二一年干死了,干子还在。据布朗的追记,济慈的《夜莺歌》似乎就在这棵树下写成。布朗说:一八九一年春天,有只夜莺做窠在这屋子近处。济慈常静听它歌唱以自怡悦;一天早晨吃完早饭,他端起一张椅子坐到草地上梅树下,直坐了两三点钟。进屋子的时候,见他拿着几张纸片儿,塞向书后面去。问他,才知道是歌咏我们的夜莺之作。"①

从事于写作的人,一定有一种欲望,就是想知道那些感动过自己

---

① 《朱自清抒情散文》,作家出版社。《文人宅》第 153 页。

的经典性诗文,是在什么时候,在哪里,在什么背景下产生的。那一定是一片神奇的地方,有微妙的、突发的灵感,使他们写出了甚至连自己都感到吃惊的名篇佳作。

所谓的文化名城,就是一座城市过去有过文化名人,现在仍有优秀的文化人居住。他们在那里生活、读书、创作,并产生深远的影响。一座城市,因他们的存在而增辉。

6

作为散文家、诗人、学者的朱自清是一位正直、重情谊的人。

他与俞平伯的交往,让人感动。他妻子病故后,俞平伯的家就像他自己的家。他的"一日三餐均由俞家送来,朱自清要算伙食费,俞平伯坚持不收,朱自清执意不从。最后,俞平伯只好每月收他15元搭伙费,而暗中却又把它全部用于他的伙食,因此朱自清感到俞家的饭菜总是特别丰盛可口"。[①]

他的人缘好。他与朱光潜、丰子恺、闻一多的交往,也都留下了文人相重的痕迹。

有一年,鲁迅从上海回北平探望生病的母亲。消息传开,北京大学、辅仁大学、女子理学院先后邀请他去讲演,他谈了《帮忙文学与帮闲文学》、《今春的两种感想》、《革命文学与遵命文学》……,清华大学

---

① 《朱自清传》第147页。

的学生也希望鲁迅能到校演讲。当朱自清去邀请的时候,却被拒绝了。之后,朱自清对学生解释说:"他不肯来。大约他对清华印象不好,也许是抽不出时间。"①

他并没有因此而对鲁迅怀有成见。他依旧在课堂上讲述鲁迅的作品。著文《鲁迅先生的中国语文观》、《鲁迅先生的杂感》,对先生给予高度评价。真正优秀的人,不会因为个人之间的一点分歧而影响一致的追求,一个人的心胸表现在艺术上,也不难分辨境界的高低。作家的清醒或昏庸,从一言一行中自然而然地流露出来了。

---

① 《朱自清传》第 181 页。

沈从文
美 是 创 作 的 核 心

1

"我在移动云影下,做了些年轻人所能做的梦。我明白我这颗心在情分取予得失上,受得住人的冷淡糟蹋,也载得来忘我狂欢。""我幼小时较美丽的生活,大都不能和水分离。我受业的学校,可以说永远设在水边。我学会思索,认识美,理解人生,水对于我有极大关系。"

从沈从文先生的《水云——我怎么创造故事,故事怎么创造我》和《从文自传》中摘录的这两段话,最能概括沈从文先生传奇的一生。

他仅有高小文化程度,却成为大学里的教授,成为中国最有可能获得诺贝尔文学奖的为数不多的作家之一;他的文学创作已成为当今大学里教授、博士生研究的对象;他当得起是中国现当代文学史上学历最低而写作最好的一位作家。他的为人为文均"如行云流水,初无定质,常行于不可不行,常止于不可不止"。他后半生潜心于服饰史,便流露出他的特定时代里的清醒和睿智。空话连篇的絮叨怎么能与实实在在的研究相提并论呢?

沉默,如烛如金。一方面积极争取,发出光与热;另一方面又顺其自然,承受生命存在的轻与重。

2

生活是一本最深奥、广博的大书，它改变人、塑造人、成全人……他的个人历史是复杂的。二十年代初，他到了湘西的土著部队，说穿了也即当了土匪。以他自己的话说，"曾过了好几年不易设想的痛苦怕人生活，也因之认识了些旧中国一小角隅好坏人事"。（《沈从文小说选·选集题记》）

经历就是财富。这在他的小说、散文创作中表现得尤为突出。他过早的失学，过早的走向动荡不安的社会，然后，又从荒僻的城镇来到北京，"开始进到一个永远无从毕业的学校，来学永远学不尽的人生"。境遇的落差使他对人间的冷暖、世态的炎凉体验得愈加深刻。

在陌生的北京，为了谋生，他受尽歧视，流下过屈辱的泪水。他没有放弃读书和思考。在贫乏、寂寞、窘困的时光里，两本旧书——《史记》和《圣经》，给予他长久的慰藉。真正的杰作，大抵为圣贤发愤之作："此人皆意有所郁结，不得通其道也，故述往事，思来者。"（司马迁《太史公自序》）

对于文学创作来说，逆境比顺境更磨练人才。圣洁的书，传播的是爱、勇气和信心。《圣经·彼得后书》上说："有了信心，又要加上德行；有了德行，又要加上知识；有了知识，又要加上节制；有了节制，又要加上忍耐；有了忍耐，又要加上虔敬；有了虔敬，又要加上爱弟兄的心；有了爱弟兄的心，又要加上爱众人的心。"

《圣经》就像一盏照在暗处的灯,引导一些迷途的人,走向光明,走向美好的彼岸。

人的成长,如果仅仅靠学校里所读的几十本书是远远不够的。他虽然上学不多,但一生却没有终止过读书。他读的书,既多且杂。中国的屈原、司马迁、曹植、杜甫、蒲松龄、曹雪芹、鲁迅……,外国的薄伽丘、契诃夫、莫泊桑、屠格涅夫、弗洛依德、乔伊斯……,都深深地影响过他。北京大学中文系教授凌宇先生在论文《沈从文:探索"生命"的底蕴》中,甚而断言:他"一九二九年出版的《阿丽思中国游记》,是借英国作家卡罗尔的《艾丽丝漫游奇境记》里的主人公游历中国构思而成;以佛经故事为题材的小说集《月下小景》,各故事间的衔接,则取法于薄伽丘的《十日谈》"。

模仿和借鉴是文学创作的第一步,也是从幼稚走向成熟的开端;一个人即使是天才,也不能拒绝对前人和同时代人的继承与学习,否则,便无从谈进步和发展。而且,相对于读书,阅历更为重要。他说:"我读过一大堆书,再无什么故事比我情感上的哀乐得失经验更离奇动人。"

3

美是文学艺术的核心。美是猎猎飘扬的旗帜。鼓舞着那些良知未泯的人向真、向善、向理想的境界迈进。美好的人与事,使生命获得愉悦;美好的自然景物,使人心情舒畅;离开了美,人也就失去了生存的意义。在善于发现美的眼睛里,美无处不在,无时不有。

他的血管里流淌着湘西苗族人的血,他将那里的风土人情、人生本色表现得魅力无比。他母亲教他认字,辨别药名,学会思考和决断。他从那些平民、闲汉的身上看到另一种美:"豁达大度,谦卑接物,为友报仇,爱义好施,且多非常孝顺。"在物欲横流、金钱至上的年代里,那种品德是多么可贵。一旦失去了它,人也就仅仅剩下一个无聊的躯壳了。

美如雪地中的花香,弥漫在他的小说创作中,如梦如诗。他说:"美丽的常常是不实在的,天空中的虹同睡眠时的梦,都可为我们作证明。"(《一个农夫的故事》)他不愿失去美,他认为"美是不固定无界限的名字,凡事凡物对一个人能够激起情绪、引起惊讶、感到舒服就是美。她由于聪明和谨慎,显得多情而贞洁,容易使人关心或倾心。他觉得她温和的眼光能驯服他的野心,澄清他的杂念。他认识了很多女子,征服他,统一他,惟她有这种魔力或能力。"(《主妇》)如果美貌与美德在一个女人的身上结合起来,真可谓上帝的造化。谁如果没有遇到那种人,那么,他的一生就会留下许多缺憾。

美是火炬,愈是黑暗,就愈需要。他是唯美的。他在《水云》中写道:"我倒不大明白真和不真在文学上的区别,也不能分别它在情感上的区别,文学艺术只有美和不美。"凡是真的,善的,重情感的,归根结底也都是美的。

每个人都需要诉说和倾听。一旦丧失了那种愿望和心境的时候,人也就变得苍老和麻木了。

好的文学意味着交谈。在阅读中,会发现人与人是多么相似,同时又存在着多么大的差异。在他人身上,寻找自己的影子。他说:"我要的是个听我陈述一分酝酿在心中十分混乱的感情。我要的是对于这种感情的启发与疏解,熟人中可没有这种人。"(《学历史的地方》)特别是人在遇到挫折、不断碰壁的时候,就愈加需要那种人,他们足可以化解内心的悒郁、苦闷、伤感;那种人便可称作朋友。

文学有隔与不隔的区别。就如同和人的接触一样,朋友与爱人不隔。文学又是一座桥梁,使许多陌生的心连在一起,与其相近,才能发出共鸣,才能被感动。文学超越了地域、种族、语言的界限,使一些人成为另一种意义上的朋友。读一个你喜爱的作家,你会发现在他的文字中,有很多你思考或正在思考的问题,而他已经思考过了;有许多你想表达的感情,他已经表达过了。你从中看到了一种人生的辙痕。比如他在《一个转机》中所说的一段话:"我明白人活到社会里应当有许多事情可作,应当为现在的别人去设想,为未来的人类去设想,应当如何去思索生活,且应当如何去为大多数人牺牲,为自己一点点的理想受苦,不能随便马虎过日子,不能委屈过日子了。"

我不知道别人怎么想,我在几年前的一天夜里,也曾经这样想过,只是没有像他那样简洁、准确的概括。

4

中国现代作家中,凡是重客观描写的,生活就相对顺利一些;凡是重主观抒情的,生命往往便多遭遇一些不幸;凡是擅长刻画他人的,常常走红得多;凡是注重剖析、拷问自己灵魂的,结果可悲得多。戴上面具,把缺陷包裹起来,就有了保护层;赤裸裸地把自己亮出来也就给对手以可乘之机。现实是冷酷的,每时每刻都会发生意想不到的悲剧。生活以其铁的手腕教育、改造着人。

他说:"有人用文字写人类行为的历史,我要写我自己的心和梦的历史。"(《水云》)他的一部分文字像云,飘动的,美妙的云;他的散文《云南看云》,就极具代表性。他眼中的"每一幅云都有一种不同的性情,流动的美。不纤巧,不做作,不过分修饰,一任自然,心手相印,表现得朴素而亲切"。他的更多一部分文字像水,清澈、流动、纯美。哪怕写放荡不羁的水手——那没有杂念的生命活力,昂扬而美。在《一个多情水手与一个多情妇人》里,生命柔情似水。

他站在河边遐想:"我觉得他们的欲望同悲哀都十分神圣,我不配用钱或别的方法渗进他们命运里去,扰乱他们生活上那一分应有的哀乐。"他对水手有好感,对临河而居、靠河而生的人有好感,对生活在底层的人们有好感,这一切恰恰是他创作的源泉。

他了解自身的不足,并以加倍的勤奋来弥补。他的小说《边城》、《长河》体现了"用一枝笔来好好保留最后一个浪漫派在二十世纪生命取予的形式"。

他在谈到《边城》时说:"我的过去痛苦的挣扎,受压抑无可安排的乡下人对于爱情的憧憬,在这个故事上,方得到排泄与弥补。"

文学创作给予作家心灵的慰藉,是别的任何形式所不可比拟的。

5

有人曾大略地统计过，从二十年代到四十年代，他创作小说近300万字。他以写作为生。但从五十年代起，却不再从事文学创作了，转而研究古代服饰史，考证文物……，他一定有什么难言之隐。

他的一组小说《青色魇》，"惟曲增幽愤，如有所诉"。其中的《金》，暗含深意，预示了一个结局：

传说中，驹那罗王子的好处，无不具备。一双俊美的眼睛，则比一切诗歌所赞美的人神眼睛还更明亮更动人。所有的女孩子都对他发生了爱情，一位叫真金夫人的妃子，更是爱得异常，到了得不到他的爱就想害他的程度。他果真遭陷害，而失去了双眼。王子对他的人民说："美不常在，物有成毁，失别五色，即得清静；得丧之际，因明本性。破甑不顾，事达人情，拭去热泪，各营本生。"

那妃子把他的眼睛吞吃了，把王子的爱埋藏在心里。

在《青》中，他的议论更率真：

所有故事都从同一土壤中培养生长，这土壤别名"童心"。一个民族缺少童心时，即无宗教信仰，无文学艺术，无科学思想，无燃烧情感实证真理的勇气和诚心。童心在人类生命中消失时，一切意义即全部失去其意义。

当预感到一颗"童心"将要失去时,他不想再写了。

6

秋成熟一切,美成就一切。

从他的小说,读出寓言;从他的散文,读出诗意;从他的人生经历,读出传奇。

他是一位创作力旺盛的作家,同时还写有大量的诗歌、戏剧、论文。有的人,名大于实;有的人,实大于名;他属于后者。他曾经沧海。文学是他的光荣与梦想,是不朽的。

所有爱文学爱得像初恋一样,神圣、专注、投入的人,无论他最终达到什么程度,我们都有理由说,他的一生是幸福的。

丰子恺

缘 分

1

人是复杂的。即使同一个人，他有时候爱好沉重、锋利的檄文，有时候又可能热衷于轻淡、超然的小品文，有时候也许对什么都感兴趣。而且，对人的认识直接影响着对文章的看法。由于感情的作用，文学艺术永远有别于科学技术。

文学艺术没有铁的法则，可谓情人眼里出西施。如果一个人使你产生了兴趣，那么一定想刨根问底，尽可能多了解一些有关他的事情，多增长一点见识。

在读过丰子恺的散文集《缘缘堂随笔》(开明出版社)、《丰子恺漫画》(上海人民美术出版社)后，我曾想动笔，转而觉得不成熟，况且，他毕竟是翻译过紫式部的《源氏物语》和屠格涅夫的《猎人笔记》的人，不能轻易去写，也就一拖再拖，后来想，万事随缘，浅薄也罢，浮躁也罢，想写的时候就写，到什么程度就算什么程度了。

谁让你爱好呢！

2

　　有人将鲁迅先生的文字比喻为绍兴老酒,那么是否可以将丰子恺的随笔比喻为龙井茶呢?他的《缘缘堂随笔》,缭绕着淡淡的清香。在平易的文字背后,有一种值得回味的深情。

　　我愿意读他写李叔同的篇章,比如《颜面》里的一段话:"我小时候从李叔同先生学习弹琴,每弹错一处,李先生回头向我一看。我对于这一看比什么都害怕。当时也不能知其理由,只觉得有一种不可当力,使我难于消受。现在回想起来,方知他这一看的颜面表情中历历表出着对于音乐艺术的尊敬,对于教育使命的严重,和对于我的疏忽的惩诫,实在比校长先生的一番训话更可使我感动。"就如一面镜子,照出自己以及亲人、友人、爱人、仇人的颜面,让自己保持清醒,在关键的时刻,把握住自己。一个不时地说错话、写错字、做错事的人,该如何塑造自己,如何见贤思齐、有所长进。别忘却期待的、爱慕的、向往的颜面,也要记住歧视的、冷漠的、阴郁的目光……

　　我喜爱他的童真。他对孩子的爱、关怀、平等,真称得上天下最可敬的父亲,他说:"天地间最健全的心眼,只是孩子们的所有物,世间事物的真相,只有孩子们能最明确,最完全地见到。"他对友情的看重,"人与人的关系,最自然最合理的莫如朋友"。他还说:"天上的神明与星辰,人间的艺术与儿童,这小燕子似的一群儿女,是在人世间与我因缘最深的儿童,他们在我的心中占有与神明、星辰、艺术同等的地位。"(以上引文见《儿女》)没有儿女的人,不会有这么深的感受;有了儿女,而自己不争气、没出息的人，也自然不会有这种念头。

从他的行文可以看出，他写这本书的时候，在30岁左右，也许与我现在的年龄相近的缘故吧，很容易产生共鸣。自己的心里有一本账，什么人需要报答，需要付出，需要投入，自己清楚。而且，写这篇札记时正值秋天，生命的秋天与一年的秋季对照，自然有众多感慨。他曾引夏目漱石的话说："人生二十而知有生的利益；二十五而知有明之处必有暗；至于三十的今日，更知明多之处暗亦多，欢浓之时愁亦重。"(《秋》)

3

所谓的幸福和充实，也不过就是有一些爱好，多培养几种才能，多增加一点人生阅历，少一点琐碎无聊，少自寻烦恼，无所事事，少一些狐朋狗友……

尤其在艺术方面，最好像丰子恺所说的，"在得到一个主题以后，宜于用文字表达的就写随笔，宜于用形象表达的就作漫画"。(《丰子恺传》)可走的路多了，视野也就开阔了。

将丰子恺的随笔与漫画一起看，相得益彰，有一种诗意，一种渐渐远去的情怀，比如《人散后，一钩新月天如水》，画中有诗，这竟使我想起李煜的词："无言独上西楼，月如钩，寂寞梧桐深院锁清秋。剪不断，理还乱，是离愁，别有一番滋味到心头。"人去茶凉，我们失去了什么，正在失去什么，空空荡荡，缘分已尽，该走的，不该走的，都走了。

谁没有孩提时代，谁没有美好的回忆，那个"穿了爸爸的衣服"的孩子,多么像我们自己。到了爸爸开始穿我们的衣服的时候,我们是长大了,可那又是一种什么样的心境啊!而爸爸已不在人世的时候,我们以什么去回忆、去告慰爸爸的在天之灵!

他还画出了人间的不平,生命的鞭痕,《大道将成》、《先吃藤条》,对劳动者的同情。他的孩子丰一吟在《丰子恺漫画》后记里引用了他的几首诗,现转录两首,可见他的心态:

阅尽沧桑六十年,可歌可泣几千般。
有时不暇歌和泣,且有寥寥数笔传。

泥龙竹马眼前情,琐屑平凡总不论。
最喜小中能见大,还求弦外有余音。

4

如果你喜爱一个艺术家的作品,那么就有理由知道他喜爱的艺术家是谁,然后,以此类推,汲取更多的知识。

在日本文学史上《源氏物语》的地位大致相当于中国的《红楼梦》,它成书于1001年至1008年,是世界上最早的长篇写实小说。

作者紫式部表白说:"作者女流之辈,不敢奢谈天下大事。"我是不是也可以偷梁换柱地说:"自己学识浅薄,无心妄谈《源氏物语》。"更何况宫庭内部人物复杂,纷繁纠葛太脏、太乱、太糟。一部近百万字的巨著,也不是一篇短文可以概括的。

我手边没有资料,我猜测丰子恺是在不能写随笔,也不能画画之后,才致力于翻译的。许多人都有一种共识:在一个专制的年代里,最好的作家都在从事翻译。那是寂寞而有意义的工作,他使像我这种不懂外文的人,多一点见识。

5

丰子恺与日本文学有缘,与夏目漱石有缘。他在《我的苦学经验》里说,最喜爱和熟读的是英国的史蒂文生和夏目漱石。

夏目漱石大器晚成。38岁开始文学创作,49岁去世。他的特立独行、怪癖、鲜明,以及早逝,不由得使我想到了王小波,不知在哪一方面,他们有相似之处,以后的评论家也许能比较出某种内在的联系。他们同样才华横溢,但漱石更郁愤、苦涩,他的俳句能说明这一点:

病妻室内灯昏暗,苦熬晚暮度秋天。

漱石的代表作是《我是猫》,角色转换,以猫的眼看人情世故。他还有一篇杂文《猫的墓》与王小波《一只特立独行的猪》同一种思维,低回余裕,语含讥讽,通过人对它们的态度,折射出人性扭曲。

愤世嫉俗,心境苍凉。漱石在《片断》中说:"有钱的人多数干的是无学无知的鄙劣之事。"文学是超国界的,丰子恺爱读夏目漱石,而日本作家吉川幸次郎在《缘缘堂随笔·译后记》中认为他"是现代中国最像艺术家的艺术家，……我所喜欢的乃是他的像艺术家的真率，对于万物的丰富的爱和他的气品;气骨"。

6

倘若说，憎恨使屠格涅夫创作了《猎人笔记》，那么是热爱使丰子恺翻译了《猎人笔记》。强烈的爱憎同样可以孕育杰作。

当一个人沉入自己喜爱的工作时，不理解的人以为苦、累、穷，而对于那个人来说，似乎没有比干自己愿干的事更幸福，更愉悦的了，他的晚年投入于翻译中，忘却了周围的嘈杂、纷争、苦难，他活在自己的艺术事业中，他的内心无比充实。就像那位"歌手"，全副身心地歌唱就是目的，又如置身于"白净草原"中融入自然，融入美好的事物。

难怪《猎人笔记》会使托尔斯泰感喟读过之后，难以动笔，难怪它使高尔基知道了什么叫作好书。

屠格涅夫去世的那一年，即1883年，史蒂文生33岁，已患有肺病，他多愁多病，多才多艺，44岁辞世。

丰子恺喜欢他，他是奇才。

我喜爱他的游记，他的《驱驴旅行记》、《内陆航行记》，探幽寻胜，大自然赋予生命无穷魅力。

7

丰子恺，1898 年出生，浙江崇德人，1975 年逝世。

我读他的书，重在缘字。我相信缘分。人与人，人与物，为什么是你与他相遇、相识、相交，而不是另一个人，为什么生命中会有那么多偶然，不可替代的经历，为什么有许多事情是阐释不清的。缘分合乎自然规律。

我此时此刻的所思所想，在这之前之后，一定会有区别，一定不可重复。

胡风

沧 桑 与 苍 凉

1

我小时候曾经在一座农场生活过几年，至今还常常想起一位老人，他沉默寡言，似乎只知道干活，什么脏，什么累，他就干什么。偶尔，会将打扫卫生时捡到的小玩艺送给我，和我说几句话。我那时什么都不懂，只是隐约地觉得他与别人不一样。后来才听大人们说起他是"胡风分子"，在接受改造。

多年以后，当我读过有关胡风的书，再回忆那位老人时，才渐渐地理解了他目光中流露出的忧郁、苦闷、苍凉……，他爱孩子，孩子的眼里没有歧视；他心里一定有许多话想说，但孩子一句都听不懂。他究竟因为什么受到株连，他叫什么名字，干过什么，也都不重要了，比起那些被迫害致死的，他是幸存者。在许多方面，老人与孩子的心是相通的。

胡风在狱中时，曾写过一首《长情赞》，其中有一节——

度穷操教职，见幼似逢春；

世道常艰险，民情竞喜惊；

　　能栽玫瑰美,难买面包真,

　　神话还童话,先修不老心。

　　窘困、寂寞、苦涩的时候,诗神出现了,她抚慰一颗受伤的心,让他经历沧桑,坚韧地活下去。

　　　　2

　　胡风是文艺评论家,个性耿直,爱憎分明,没有城府,这一切都为他以后的不幸埋下了伏笔。——自由是一种惩罚,热爱自由的人,往往得不到自由。

　　1936年3月30日夜,他在上海为自己的《文艺笔谈》作序时说:"我不能忘记文艺作品使我懂得了在人生底凡俗和冷酷里面还有感激,当完全被绝望封住,觉得走投无路的时候,常常给我力量了的那一些情景。"他鄙视"文艺批评",他说:"在他人底心血结晶上面指手画脚,说好说坏,我以为那是最没有出息的事情。"但在他的一生中恰恰表现出了一种悖论,事与愿违。虽然,他也是诗人和翻译家,但真正给他带来声誉、地位,以及厄运的,归根结底,还是"评论"。最有典型性的,就是所谓的"三十万言书"。

　　公论与私心。你以为你是谁?当你在那里洋洋洒洒、侃侃而谈的时候,你还不清楚已经埋下了苦难的种籽,而且,由此连累了许许多多无辜的人。

鲁迅先生是一面光辉的旗帜。你以为自己是先生的战友，但先生的敌人，先生批驳过的人，他们怎么看你呢？先生是一本大书，不同的人会从中读出不同的启示。那些同样爱戴先生的人，他们又怎样看你呢？换几个角度思考，人也许会变得清醒、睿智一些吧。

有一种人，最善于借公论，泄私愤。认识到人的阴险、歹毒，我曾产生过深深的无聊，便觉得人不能太单纯了。

3

"伟大的作品都是为了满足某种欲求而被创造的。失去了欲求，失去了爱，作品就不能够有真的生命。记住，由生活到艺术！在生活里面没有感激，在作品里面就不会有力量。"这是他在《文艺笔谈》一书中对青年作者的提醒，在"青年自学丛书"中的《文学与生活》里，他的观念得以延伸。

他的言论，有的放矢，真实、尖锐、甚而不无苛刻。他就像一把利剑，两面都开刃，都闪光，无论是做人，还是作文，他很容易刺伤别人，同时，也难免伤着自己。更何况他那"实事求是，尽其在我"的个性，孤傲、自信、决绝，不惮于剖析自我。

在《给初学写作者的一封信》里，他指出："初学写作者，往往陷于两极端，不是拿粗陋的，纪录式的，干燥的，死板的，含混的言语去写，便是以雕琢的，伪装美丽的，巧辩的，距谈话用语很远的辞句去填充故事。"语言以朴素为美，需要学习和积累。高尔基是自学成才的，他引述了高尔基谈创作经验时说过的一段话："每逢我写故事使不出自己力量的时候,我便翻开笔记簿来,将那适用的,或发光的,或能增强我所叙述的故事的真实性的字搬运到原稿上来。"什么灵感啊,什么天赋啊,都离不开扎实的基本功,以及点点滴滴的阅读、学习和观察。

为了便于青年人的学习,他在每一章节的最后都提出了一些切实的问题、要求。他说,"报告文学、速写,是初学习作者最有益的形式,用这形式把你最熟悉的生活写出来看看"。

4

写作需要保持一种心境,一种好的心情,否则,心散了,浮躁了,在厌倦、疲惫中,也就失去了写作的冲动。尤其对于那些刚起步的年轻诗作者,"夭折"是常有的事,开始就是终结。因为他们的内心还不够坚定,还耐不住寂寞,还缺乏自信,这就更需要伙伴,需要支持,需要一种氛围。

他理解这一切,他为许多无名的、成长着的青年诗人们鼓与呼。他评田间的诗,那个十七、八岁的,"始终是默默地站在一边;眼色温顺,好像觉得世界上没有不可信任的事情似的"的田间,一个农民的孩子。他评论田间的诗:"第一、气魄雄浑有余,但作品内容底完整性在许多场合却没有获得。第二、想取民谣长处,但流于形式。"他的话是公道、辨证的,决不捧杀或棒杀。

当艾青自费出版诗集《大堰河》,还默默无闻的时候,当新诗受着冷遇的时候,当他评田间的诗,而有人说他"瞎捧"的时候,他写了《吹芦笛的诗人》(1936.12.20),介绍艾青,认为"他底歌唱总是通过自己底脉脉流动的情愫,他底言语不过于枯瘦也不过于喧哗,更没有纸花纸叶式的繁饰,平易地然而是气息鲜活地唱出了被现实生活所波动的他底情愫,唱出了被他底情愫所温暖的现实生活底几幅面影"。

人都不是孤立地存在的。如果不是健忘的话,那么回想一下,那些帮助过我们的人。正如美国作家爱默生所说的:"只有才华,难以成就作家/书的后面,还必须有人加以支撑。"

5

本世纪五十年代初到七十年代末,胡风这个名字就像政治瘟疫一样。许多人由此遭迫害,许多人死于非命。在文艺界,方然绝望自尽,张中晓死无葬身之地……许多优秀的文化人与胡风连在了一起,王元化、何满子、贾植芳、耿庸、罗洛、华飞……最终都在劫难逃。

九十年代中期,当时的幸存者们为张中晓在贫病交加中所写的遗稿,尽了一份心,促成了《无梦楼随笔》的问世。该书由王元化作序,附录了梅志、何满子、路幸的纪念文章,由上海远东出版社出版。从中可以看到生命在遭受蹂躏、践踏时,一个人是如何承受的。

"人们口中越是说绝对、完美、伟大……,大吹大擂,则越应当怀疑那种种神圣的东西。因为伟大、神圣之类东西在人间根本不存在。"

"奸者固不能托以事,利器也不可援之也,愚者亦不可托以事,误我之机也。愚者临事无分寸,无区别,必陷我于被动之地,而彼又弃我而遁之,甚可惧也。奸者可防,愚者难防。"(《无梦楼文史杂抄》1956—1961年)

张中晓的感觉是灵敏的。他生不逢时,他曾流着泪对父母和弟弟说:"我牵连害苦了你们,心里很难过。今年我三十六岁,光身一条,只有两箱的书和十年中所写的几本札记。这一去凶吉不知,这些札记也许以后会有点用,求你们给我保存好。"(《张中晓和他的〈无梦楼随笔〉》路莘)不久,他便被迫害致死。年仅三十六岁。

6

历史一旦与人开玩笑,人或者慢慢地咀嚼悲哀、苍凉,或者成为牺牲品。当年胡风与周扬的分歧、争鸣,还基本上是平等的;后来的发言权、主动权,则全然倾向于周扬了,胡风成了挨批、挨斗的对象;再后来呢,到了姚蓬子的儿子姚文元发表《评反革命两面派周扬》的时候,胡风又与周扬成了"一丘之貉"了。历史在那里是荒诞的。

胡风默默地活下来了。失去了二十五年的自由,失去了正常人的生活,竟然奇迹般地活下来了。但身体已受到了致命的摧残。他的妻子梅志在《胡风沉冤录》一书中,记录了他暮年的境遇:"脑神经混乱、心因性精神病。""一次,我去看他时,他一把抓住了我的手,对我说,'有人又想诬陷我,这怎么得了!'我赶快说,'你不要怕,这是不可能的。再说,有我呢!我会帮你说清楚的。''啊,啊,你能说吗?'"过去的那个胡风,哪里去了?

时间冷酷,心有余悸。胡风不知道该相信什么了。1985年6月8日,胡风在北京病逝,终年83岁。

7

1997年夏天,一群爱诗、写诗的青年在黄河入海口聚会,一个青年诗人朗诵了胡风早年的诗歌《夕阳之歌》:

夕阳快要落了,
夜雾也快要起了,
兄弟,我们走罢,
这一天中最美的时候。

遥空里有一朵微醉的云,
慈惠地俯瞰着那座林顶,
林那边无语如镜的池中,
许在漾着恋梦似的倒影。

穿过那座忧郁的林,

走完这条荒芜的路，

兄弟，我们去罢，

这是一天中最美的时侯。

林这边只有落叶底沙沙，

林那边夕阳还没有落下，

林这边阴影黑发似地蔓延，

林那边夕阳正烧红了山巅。

连绵的山尽是连绵，

可以望个无穷的远，

夕阳的火犹是红红，

可以暖暖青春的梦。

去了的青春似蔓地的花瓣，

拾不起更穿不成一顶花冠，

且暖一暖凄凉的昨宵之梦，

趁着这夕阳的火犹是红红。

夕阳正照着林梢，

听着我的歌牵着我的手，

兄弟，现在，我们去罢，

这是一天中最美的时候。

是对胡风的纪念！一个被禁锢了思想的人，一个渴望自由而失去了自由的人，一个诗人。

何其芳

活 着 终 归 是 可 赞 美 的

1

　　我二十岁的时候,曾迷恋过何其芳的诗,我经常独自到一片小树林中,朗诵他的诗。在那些寂寞的日子里,他的诗感动了我。我几乎能背诵他的每一首诗。

　　十多年过去了,往日的诗情被世俗的忙碌销蚀着,我冷落了一些人和书。我变得愚钝了,不那么容易动感情了。冷眼看书,便发现许多书中的贫乏、无聊、苍白。所以,常常无动于衷,无话可说。

　　有时候,夜深人静,该做的事情也已经做过了,便不知不觉地怀旧,想过去的朋友,过去的爱情,过去读过的书……

　　我从书橱里找出何其芳的书,重新读了一遍,我回忆起当初读那些书的情景:一个失学的少年,一个渴望爱情的青年,活在不切实际的空间里,活在憧憬中。当这一切渐渐破灭了的时候,他仍固守着内心那一点点净土,并没有全然从一个理想主义者蜕化为一个实用主义者;当一个人游移于灵魂和物欲之间的时候,还始终坚持着一种信念,要活得有意义,"去以自己的火点燃旁人的火,/去以心发现心"。(何其芳《生活是多么广阔》)

2

爱情,青年时代最具魅力的词语。假如我们相信她能够成就一个人的话,那么她同时也可能毁灭一个人。爱到一种极端,就是恨。

何其芳在《预言》一书中表达出了对爱的期待、困惑、追求与向往。他一定体验过那种感情的波动、起伏。在爱情来临的时刻,他表白自己:"让我烧起每一个秋天拾来的落叶,/听我低低地唱起我自己的歌!/那歌声像火光一样沉郁又高扬,/火光一样将我的一生诉说。"然后是"你将怯怯地不敢放下第二步,/当你听见了第一步空寥的回声"。他渴望与爱人一起同行,一路望着她的眼睛,一路唱着忘倦的歌。但一切都消失了,那年轻的神。

爱情也是一种悖论。"人生有两大悲剧,一是没有得到你心爱的东西,另一是得到了你心爱的东西。"诗,便在失与得之间产生了。

他歌唱着,"爱情虽在痛苦里结了红色的果实,/我知道最易落掉,最难捡拾"。(《慨叹》) 他咏叹着,"爱情原如树叶一样,/在人忽视里绿了,在忍耐里露出蓓蕾,/在被忘记里红色的花瓣开放"。(《雨天》)他痛惜着,"你呵,你有了爱情/而你又为它的寒冷哭泣"。(《爱情》)他相信爱,相信一见钟情。

从 1931 年至 1935 年,他入北大哲学系读书期间,在孤独、寂寞中,为自己筑起一座象牙塔,虚幻着爱情,做着美丽、辽远的梦。"我昔日以为有一片乐土,/藏之记忆里最幽暗的角隅。/从此始感到成人的

寂寞，/更喜欢梦中道路的迷离。"(《柏林》)

3

他一只手写诗，另一只手写散文。与《预言》同时写作的还有散文集《画梦录》，风格也最接近。他那时有一种"遗弃了人群而又感到被人群所遗弃的悲哀"。他将自己孤立起来，做着温柔、冷清、孤独的梦。他的内心是忧郁的，文字是灰色的。

"现在我梦里是一片荒林，木叶尽脱。或是在巫峡旅途间，暗色的天，暗色的水，不知往何处去。醒来，一城暮色恰像我梦里的天地。"（《梦后》）

他的情感是细腻的。失落感油然而生。他的灵感来自墓、秋夜、雨、黄昏，他唱着哀歌，自言自语。他觉得人与人的灵魂是不相通的。"每一个灵魂是一个世界，没有窗户。而可爱的灵魂都是倔强的独语者。"（《独语》）

那时外国文学对他的影响很大，他对法国象征派的作品入迷。他在 1938 年写《论工作》一文中认为自己"并不能直接读法文的书籍而竟对法国的文学那样倾心"，感到"非常可笑"。他还没有真正接触社会，没有认识到底层民众的苦难，还停留在小布尔乔亚的情调中，脱离现实，倾向为艺术而艺术，沉湎于自我情感的抒发中。

4

以时间为顺序,读一个人的书,可以看出他人生的转折点,他的生命历程。

1936 年是他人生的一个关口,大学毕业后,他辗转到了山东莱阳,他写的《送葬》和《云》,开始拒绝,开始否定。

他感受到民间的疾苦,他要为那个时代,为过去的自己送葬,他说:

我不再歌唱爱情
像夏天的蝉歌唱太阳。
形容词和隐喻和人工纸花
只能在炉火中发一次光。

他体验到命运的不公平,看到了世界的丑恶面孔:"一方面是庄严的工作,一方面是荒淫与无耻。"他清醒地认识到,只有放弃个人主义,融入到集体中去,在拯救他人的同时,才有可能拯救自己。他的《云》表达出了对农民的同情,对剥削者的憎恶:

"我爱那云,那飘忽的云……"
我自以为是波德莱尔散文诗中
那个忧郁地偏起颈子

望着天空的远方的人。

我走到乡下。

农民们因为诚实而失掉了土地。

他们的家缩小为一束农具。

白天他们到田野间去寻找零活，

夜间以干燥的石桥为床榻。

我走到海边的都市。

在冬天的柏油街上

一排一排的别墅站立着

像站立在街头的现代妓女，

等待着夏天的欢笑

和大腹贾的荒淫，无耻。

从此我要叽叽喳喳发议论：

我情愿有一个茅草的屋顶，

不爱云，不爱月，

也不爱星星。

5

从某种意义上说，人的一生也就是生命选择的过程。从认同，到否定,到否定之否定。对于他来说,最关键的,也是决定他一生命运的转折点,是 1938 年 8 月,他与沙汀一起选择了延安。

他走出了自己人生的第三步。从最初的迷惘、颓废的梦,到清醒地认识到人的不幸多半是人一手造成的,再到相信人可以通过自身的努力,消除贫困、厄运,创造一种新生活。

他写作的风格,从幽暗、晦涩,转变为朴素、明朗。他觉悟到了只有扎实、严肃地工作,才有可能最终实现自己的理想。他歌唱延安,歌唱一切美好的事物。比较有代表性的是《河》、《我为少男少女歌唱》、《生活是多么广阔》、《我想谈说种种纯洁的事情》。

像短诗《河》,就在平实的白话中,抒发出了人们共同的理解。如果说,他早期的诗宜于默念的话,那么这期间的诗则适于大声朗诵:

我散步时的伴侣,我的河,
你在歌唱着什么?
我这是多么无意识的话呵。
但是我知道没有水的地方就是沙漠。
你从我们居住的小市镇流过。
我们在你的水里洗衣服,洗脚。
我们在沉默的群山中间听着你。
像听着大地的脉搏。
我爱人的歌,也爱自然的歌,
我知道没有声音的地方就是寂寞。

虽然,还隐约地有一点过去的影子,但过去的那个伤感、苦闷、压抑的青年诗人,已经消失了,站在读者面前的是一个热情、自由、正义的歌者。

6

高尔基说过,创作的欲望可以在两种不同的情况之下发生:一种是由于生活的贫乏,一种是由于生活的丰富。

他最好的文学作品就产生在这两种情况下,早期是由于生活的贫乏;中期是由于生活的丰富;到了后期,他处在政治斗争的漩涡中,也就谈不上什么创作了。

他曾剖析自己说,"我大概并不是一个强于思索和反抗的人,总是由于重复又重复的经历、感受,我才得到一个思想;由于过分沉重的压抑,我才开始反叛"。(《一个平常的故事》)。恰恰是在不合时宜的时候,在反叛的时候,他写出了自己一生中最动人的篇章。他在1956年9月9日为自己的《散文选集》作序时,就已冷静地认识到了思想的进步与艺术的进步是两码事,有时竟是相反的。他究竟是一位文化人,这种深刻的反省,使他抑郁。这一年,他还写完了他一生中最重要的论文《论〈红楼梦〉》。从那以后,不论是诗也罢,散文也罢,再没有写出什么值得人们去研究的作品了。

时代变了,思想公式化、概念化了,他已经丧失了向读者提供新鲜、深刻的东西的时机。从这一点上说，1957——1977年，他的创作一片空白，连梦里也是沙漠。

7

他是四川省万县人，1912年2月出生，1977年7月在北京病逝。

从他的文学创作的兴衰，也可以看出他们那一代人的兴衰。

他曾经在《还乡杂记》代序里说过，"我一定要坚决地勇敢地活下去。活着终归是可赞美的，因为可以工作"。

冯至
双 语 的 灵 感

1

　　我一直有一种深深的遗憾，就是没有认真地学好一门外语；我想补偿，惰性总是占了上风。我缺少动力。

　　因为不能直接阅读原著，所以对优秀的翻译家常常怀着感激之情。我有时觉得自己好像住在一间尘封、禁锢得如罐头盒一样的屋子里，空气污浊，终年不见阳光，是他们打开了窗子，同时又敞开了门，我一时眼花缭乱，心神不定，但毕竟视野开阔了，同时呼吸到了新鲜的气息。

　　由此，我想到了一则寓言，说是有一个没见过世面的小和尚，第一次跟着老和尚下山，他看到一个女孩子，便问老和尚："那是什么？"老和尚说："是老虎！"小和尚动情地说："我要老虎！"

　　人性、人的本能是不可抗拒的。从这一点上说，文艺复兴以来的外国文学是更接近人性，更贴近人的本能需要的。但我们在谈论外国作家时，往往不自觉地忽略了翻译者——而他们个人的素质、语言功底恰恰决定了一本译著的优劣。其实，我们的话语里，一半是在谈原著，一半是在谈翻译。

　　在热爱奥地利诗人里尔克的同时，我忘不了他的翻译者冯至。否则，以我那点外文底子，就像一个盲人，又能看清多少呢？我非常惭愧。在不能直接阅读原著以前，如果我撇开译者夸夸其谈外国文学，那么我就是一个忘恩负义的人了。我敬重那些既能创作自己的诗文，同时又能从事翻译的作家。在本世纪二三十年代，我们有许多这样优秀的文化人。

　　七十年代末，我从冯至的一首短诗《蛇》，开始接触他的文学世界。我觉得惊讶：1926年，一个只有22岁的青年竟能写出那么沉静、成熟的诗，实在不多见。我爱那种格调：

　　我的寂寞是一条蛇，
　　静静地没有言语。
　　你万一梦到它时，
　　千万啊，不要悚惧！

　　它是我忠诚的侣伴，
　　心里害着热烈的相思：
　　它想那茂密的草原——
　　你头上的、浓郁的乌丝。

　　它月影一般轻轻的，
　　从你那儿轻轻走过；

它把你的梦境衔了来，

像一只绯红的花朵。

那一年，他在北京拜访了鲁迅先生，先生读过他的诗，甚而在《中国新文学大系·小说二集导言》里称他为"中国最杰出的抒情诗人"。

后来，朱自清借闻一多的话评价新诗："好像尽是些青年，也得有一些中年才好。冯先生这一集大概可以算是中年了。"（《新诗杂话》）——这里论断的是他的《十四行集》。

3

和什么人接近，愿意读什么书，都潜移默化地影响着个人的成长。

鲁迅先生曾转赠给他一本莱蒙托夫的《当代英雄》（德文本），有意让他翻译成中文，他没有去做，是终生的憾事。

大概是性情相投吧，他倾心于里尔克，那个挺住意味着一切的人，那个献身于非凡工作的人，那个居于幽暗而自己努力的人，是他青年时代的偶像，是他的梦想。

我读他译的里尔克的诗，读出共鸣，读出心与心的感应。我将译诗与他自己的诗对照，前者更耐读，更能打动我。比如《秋日》：

主啊？是时候了。夏日曾经很盛大。

把你的阴影落在日规上。

让秋风刮过田野。

让最后的果实长得丰满，

再给它们两天南方的气候，

迫使它们成熟，

把最后的甘甜酿入浓酒。

谁这时没有房屋，就不必建筑，

谁这时孤独，就永远孤独，

就醒着，读着，写着长信，

在林荫道上来回

不安地游荡，当着落叶纷飞。

再比如那首《豹——在巴黎植物园》，那只孤独、疲倦、失去自由的豹，目光中流露出决绝和无奈，寂静与虚空，多么像一个人，在狭小的地方旋转，旋转，然后是意志的昏眩，它的强韧化为了乌有，它什么都失去了，一切归于沉静。

4

书信是人世间最亲切、最朴实的美文。日记和信是写作最有意义的练习。

我回想着这些年来收到的给我爱、勇气、慰藉的信。我在外地求学时，母亲给我的信；我在恋爱时，收到的女朋友的信；我在写作中，收到的一位作家朋友的信……都终生难忘。

许多以书信体写成的文学作品是不朽的。像司马迁的《报任安书》、嵇康的《与山巨源绝交书》、苏东坡的《答谢民师书》，像茨威格的《一个陌生女人的来信》、里尔克的《给一个青年诗人的十封信》、张炜的《致不孝之子》，我都曾反复地阅读，尤其是冯至于1931年译的里尔克的那本小册子——《给一个青年诗人的十封信》。

我像那个青年诗人一样热爱诗，但我没有收到过那么有耐心，那么真挚、深邃的信。对诗和艺术的理解，对爱和职业的看法，对生命冷静的思索……，我读冯至的译文，我惊奇于里尔克在30岁左右竟有那么成熟的思想，真可谓天才。我在沉默中读他的信，我把那些信想象成写给自己的。

没有人能给你出主意，没有人能够帮助你。
你必须写吗？

直言不讳。写作必须是自然流露，有感而发，非写不可。这样才能产生优秀的诗。他提醒说："不要写爱情诗；先要回避那些太流行、太普通的格式，它们是最难的。"而这恰恰是青年诗人最容易走的一段弯路；自作多情，无病呻吟。对于创作者来说，没有什么是贫乏的，内心中有最丰富的宝藏。

里尔克在第二封信里推荐了两部书：一是《圣经》，二是丹麦诗人茵斯·彼得·雅阔布生的书，再就是雕刻家罗丹。后者使他更善于观察自然界的一草一木、人、世间的一言一行,他捕捉到了艺术的本质。

尽可能少读审美批评的文字。
艺术品都是源于无穷的寂寞,没有比批评更难望其边际的了。

向着永恒,学会忍耐,学会逃避情感。
凡是严肃的事情都是艰难的,包括爱。"艺术也是一种生活方式。"必须学习,必须全身心地投入工作。这正是里尔克的遗产所给予的启示。就如他在《马尔特·劳利兹·布里格随笔》里所说的,"我该在那书里写。我会写出许多,因为我有许多思想和许多回忆"。

5

一个人所能达到的境界,既取决于先天的因素,更取决于后天的培养。大学的环境能提供什么呢?
一切还要靠个人的努力。冯至在《但开风气不为师——记我在北大受到的教育》一文中说:"我在北大毕业时,回顾自己的学业,并没有掌握什么万能的治学方法,占有多少资料,只不过在课堂内或课堂外,关于怎样作文,怎样作人,得到过一些启示。"
人对人的影响是最直接的。罗丹影响了里尔克,里尔克影响了冯至,冯至又影响了绿原……,绿原译的里尔克的诗,与冯至最为接近。就如《丽达》一诗所说的,"讶然发现他是如此美丽,于是恍惚间他变成了他。"

如果将他们译的里尔克的诗放在一起,真的难以区别。他们同样是寂寞的,而最好看的花,往往就开在最寂寞的园内。

还有陈敬容译的里尔克的诗,也让人爱不释手,像《严重的时刻》:

此刻有谁在世上某处哭,

无缘无故在世上哭,

在哭我。

此刻有谁夜间在某处笑,

无缘无故在夜间笑,

在笑我。

此刻有谁在世上某处走,

无缘无故在世上走,

走向我。

此刻有谁在世上某处死,

无缘无故在世上死,

望着我。

什么叫心有灵犀,什么叫天衣无缝,什么叫炉火纯青?一首诗译到这种程度,还能说什么呢?

6

冯至在40岁的那一年，开始计划写《杜甫传》，47岁时写完。他的传记写作从诗的研究入手，重感性，开先河。他在《我想怎样写一部杜甫传记》一文中说："诗人的人格是怎样养成的，他承受了什么传统，有过怎样的学习，在他生活里有过什么经验，致使他而不是另一个人，写出这样的作品。"

经验比情感更重要。诗人的传记，由像他那样的诗人来写的时候，便摆脱了"考据、注释、欣赏"的旧套路，他要从"史诗"中发现诗人的"心灵史"。

杜甫唤起了他的灵感，在动乱年代，人民诗人是他所向往的。他写《杜甫传》，也即写一部长篇叙事诗。严肃、正直、求实，工作而等待。面对与古代战乱相似的现实，诗人不能再沉入梦中了，良知不允许他那样；诗人首先应该是战士，是旗手。

他早已感悟出了生存需要放弃，需要重新拥有，他体验到了流离、动荡的苦楚，他在一首诗中写道：

我们越是向前走，
我们便有更多的
不得不割舍的道路。

7

罗丹曾说过，一个具有优秀头脑的人，是能够做到直至生存的最末尾，始终培育自己、丰富自己的啊。

冯至1905年9月17日生于河北涿州，1993年2月22日14时病逝于北京，享年89岁。

北京大学中文系的师生在唁函中，引用过一段诗：

一切的形容，一切的喧嚣，

到你身边，有的就凋落，

有的化成了你的静默：

这就是你伟大的骄傲，

都在你否定里完成。

我为你祈祷，为了人生。

我还记得他译的里尔克《马尔特·蒙利兹·布里格随笔》里有这样的话："我的旧家具放在仓库里都腐烂了，而我自己，啊，我的上帝，我的头上没有屋顶，雨落在我的眼里。"是的，值得我们敬重的，永远是那些追求不可能完成的人，一生都在否定，一生都在路上，一生都在学习中。

穆旦

诗 歌 唤 起 了 善 良 的 情 怀

1

我还年轻。平静下来,我却常常沉湎于回忆中。我不止一次对朋友说,诗歌是我文学的初恋,她唤起了我许多美好而又善良的情感。如果没有诗歌,我很难想象这些年来,自己会变成一个什么样的人;如果说是诗歌拯救了我,那有点过分了。但诗歌的确帮助了我。从热爱诗歌的那一天起,在精神上,我感觉到了富有。我看到美的人和事,会怦然心动。我有了自己的梦想,而且自信有能力变成现实。我对自己有了清醒的认识。我不断地反省,不断地否定,不断地追求……

这一切,与普希金的诗歌有关,与翻译家穆旦(查良铮)有关,与一本旧书有关。

2

1980 年的冬天是阴冷、干燥的。我知道了什么是寂寞,我接触了一些陌生的人,我做着不感兴趣的事。就在这空虚的日子里,诗歌的光芒出现了,我有了一种初恋的感觉。

我拥有了一本既没有封面，又没有封底的《普希金诗选》，纸张呈土黄色。书是一个朋友送的，是 50 年代的版本。穆旦翻译的。我一遍遍地读，并有选择地摘录着。她给我情怀，给我朦朦胧胧的爱，给我想象的空间。有几年，我几乎与她形影不离。在那时，我就觉得一些时兴的国内文学作品，不如译文优美。现在想来，50 年代至 70 年代，中国最优秀的诗人、作家大多封笔、转向了，而翻译，尤其是对外国古典文学的翻译，还在默默地运行。这些美的、人性的、杰出的作品，为 80 年代中青年诗人、作家的涌现，提供了精神资源。

读普希金的诗，敬重他生活的真实。现在概括起来说：

他以诗的方式诞生！
他以诗的方式活着！
他以诗的方式死去！

他歌颂自由，歌颂爱情，歌颂自然。他为诗歌和爱情赢得了荣誉，正如他预言的，他将长时间地受到人民的尊敬和爱戴，唤起了人民善良的情感。

3

普希金有一首短诗《假如生活欺骗了你》。穆旦译的。是一首绝唱：

假如生活欺骗了你，

不要忧郁，也不要愤慨！

不顺心的时候暂且容忍：

相信吧，快乐的日子就会到来。

我们的心永恒向前憧憬，

尽管活在阴沉的现在，

一切都是暂时的，转瞬即逝，

而那逝去的将变为可爱。

人生不如意，十有八九。每当坎坷的时候，遇到挫折的时候，我不时地想起它。这是一首光明的诗，希望的诗，给人爱、勇气和信心的诗。

1988年的秋天，在山东大学中文系组织的新生开学典礼上，我曾作为新生代表发言，我不由得引用了诗的最后两句。的确，一切都是暂时的……，但重要的是学会爱和珍惜。每次去济南，只要来得及，我总要去山大的校园里看一看，树又长高了，长大了，一茬一茬的新生，来了，又走了。时光不会倒流。只有青春不变，美好的情感不变。

还记得1995年在淄川的月亮湾，听王书坚朗诵过这首诗，他后来去了西藏，再后来又去了烟台。他和别人不同。别人在唱歌，他在朗诵。他有诗人的气质。我曾为此写过一篇散文《朗诵》。

一首好诗，就像一个好人。

认识他，让你终生受益。

4

即使是一棵最小的草,也需要生长。那些年,我想自己就是一棵默默地生长着的小草。野草,无声无息。

除了工作,我时常拿着几本书,到避静的地方去,默默地读书,默默地憧憬着未来。含着眼泪微笑。最爱说的词是"以后"。等待着爱情像天使一样出现,等待着写作的灵感,等待着幸福的瞬间……

普希金的诗歌抚慰着我空洞的岁月。那时候,诗行在日记中频繁呈现。日记常常以诗的形式写成。有激情,有冲动,有时间。我坚持写诗。写自己的感觉,写奇怪的念头。虽然幼稚,虽然单调,虽然经不住推敲,但我觉得比起现在,那时候更像一个诗人。

为一个名字而激动,为一句话而心仪,为一首诗而兴致勃勃。

什么散文?什么小说?什么戏剧?诗,高于一切!

但我逐渐改变了这种看法,逐渐"成熟"起来了。诗只是文学艺术的根,她不能替代其他文学形式。每一种文学形式都有高峰、低谷。

每当想起废寝忘食地写诗的日子,总伴有一种美好的回忆。

我片面地想,一个人可以不写诗,但不能不读诗。倘若说,自己还不算太平庸的话,那多半是诗给予的。

5

普希金是俄罗斯诗歌的太阳,也是我青年时代诗歌的太阳。

我四处寻找他的诗集,他的传记。《普希金诗选》(两卷本)、《叶甫盖尼·奥涅金》、《普希金在流放中》……

但再没有一本书像那泛黄的版本一样,让我充满了深情厚谊。它像一面镜子,让我认识了自己。我甚至以为在这个城市里,只有我有这样一本书。后来,到周蓬桦家里,才发现他也有一本。这样想来,类似的书,还有许多人也一定有,只是不知道罢了。

6

普希金永远年轻,永远活着,永远是一座不可企及的高峰。

别林斯基说:"在普希金的任何感情中永远有一些特别高贵的、温和的、柔情的、馥郁的、优雅的东西。"

高尔基说:"我开始读普希金诗时,好像我走进了树林中的一片草地,到处盛开着鲜花,到处充满着阳光。"

普希金的眼里,到处都是诗。他短暂的一生(1799—1837),创作了近 800 首抒情诗篇。读过那些抒情诗后,我理解了抒情诗难写的根由。

7

因为有了普希金的诗歌，我对俄罗斯民族有了更深刻的认识，有了爱意。又因为有了穆旦，我还有许多人才逾越了语言的障碍，而获得了一种诗的情怀。

对于穆旦，我知道的太少了。只知道他是一个诗人，一个翻译家。但读他的翻译作品多，读他自己的诗少。

也就是在 80 年代初，我曾经在《中国现代抒情短诗 100 首》上，读过他的《诗一首》：

风暴，远路，寂寞的夜晚，
丢失，记忆，永续的时间，
所有科学不能祛除的恐惧
让我在你底怀里得到安眠——

呵，在你底不能自主的心上，
你底随有随无的美丽的形象，
那里，我看见你孤独的爱情
笔立着，和我底平行着生长！

新诗是一种最易学，又最难写好的文体。内容大于形式。像穆旦这样优秀的诗人，后来不再写诗了。新诗让一些没有诗意，又不断勉强写诗的人,将读者的胃口败坏了。不读也罢。

我对穆旦这样的人充满了敬意。

我想,再学俄语已经不大可能了,但有机会一定到俄罗斯去看看,感受一下那里的人、自然和艺术。

王道乾
沉 默 的 通 灵 者

1

现当代中国作家,谁能直接读原文?谁又能不借助于翻译?谁与外国文学无关?

但我们常常忽略了翻译。就像过河拆桥的人,就像没有爱情的婚姻。世界正在一天一天地变小,从一个国家到另一个国家,就像从一个村庄到相邻的另一个村庄。不同的距离,不同的方式,相同的时间。

有的人,与他近在咫尺,心灵却隔得很远很远;有的人,与他隔得很远很远,心灵却近在咫尺。

读王道乾的翻译作品,我最先想到的是"沉默的通灵者",他与诗人兰波,与作家玛格丽特·杜拉斯,与小说家马赛尔·普鲁斯特,灵魂是相通的。他朴实、简洁、锐利的文风,给我许多启迪。什么叫激情?什么叫耐读?什么叫诗的情怀?他使我在买外国文学作品时,经历了三个过程:

一、关注外国作家作品的名字;

二、留心出版社的名字;

三、重视翻译家的名字;

一流的翻译,点石成金;二流的翻译,点金成金;三流的翻译,点金成石。而众多不入流的翻译,则点金成垃圾了。

2

知道王道乾的名字,还是缘于兰波的诗。那是 80 年代的事了。现在想来,那是一个诗歌的时代。遍地都是写诗的。兰波的《生活在别处》、兰波的《地狱一季》、兰波的《爱的沙漠》……

想到兰波,就想到烈火的燃烧,想到生命的放纵、时光的短促。像所有伟大的诗人一样,拜伦、雪莱、济慈、普希金、莱蒙托夫、叶赛宁……都没有活过 38 岁。

兰波是一个反叛者。疯狂、沉醉、幻念、做梦、晕眩。他说:“我写出了寂静无声,写出了黑夜,不可表达的我已经作出记录。”

王道乾欣赏兰波。他一定在兰波的身上看到了自己青年时代的影子,压抑的、晃动的、游移的影子。这也注定了他一生的坎坷。

渴望得到炼金术的兰波, 向美致敬的兰波, 想听到福音的兰波……

如果能得到炼金术,那么给你多少黄金,你也不换;如果能得到美,那么让吃多少苦,你也心甘情愿;如果能听到福音,那么即使生命消逝,你也值得了。

做一个通灵者,则意味着放弃许多世俗的幸福;做一个盗火者,则暗示着你不下地狱,谁下地狱;做一个现代人,则隐喻着生存的残酷,竞争的激烈。年轻人,都有他可悲的地方,不可自拔的爱情,不能自救的欲望,不了解别人也不了解自己的状况。

王道乾翻译兰波,是对自己年轻时代的一种怀想。环境不同,时代不同,兰波活得更真实,王道乾活得更无奈。

3

对比兰波,王道乾对杜拉斯倾注了更多的爱心。最有影响力的要属《情人》了。

这本书,我已读了多遍,有时是从前往后读,有时是从后往前读,有时是从中间插读,有时只是随便翻翻。我在书上画满了笔痕,我不认为自己读懂了,我只是感到爱情的力量,从青年到老年,从肉体到灵魂,从生到死,那种刻骨铭心的爱。多少人在亵渎,多少人在玩弄,多少人在糟踏,而那个人一直在默默地珍惜着,默默地怀念着,默默地吟咏着……

有一个男人这样爱着她,而她已经老了。当他们相遇了。他说:"我认识你,永远记得你。那时候,你还很年轻,人人都说你美,现在,我是特为来告诉你,对我来说,我觉得现在你比年轻的时候更美,那时你是年轻女人,与你那时的面貌相比,我更爱你现在备受摧残的面容。"这是小说的开端,而在小说的结束,"他给她打来电话。是我。她一听那声音,就听出是他。他说:我仅仅想听听你的声音。……他对她说,和过去一样,他依然爱她,他根本不能不爱她,他说他爱她将一直爱到他死。"

一个人一生中有过这样一次爱情，也就死而无憾了。

这使我想起袁可嘉先生译叶芝的《当你年老的时候》：

当你老了，头白了，睡思昏沉，

炉火旁打盹，请取下这部诗歌，

慢慢读，回想你过去眼神的柔和，

回想它们昔日浓重的阴影；

多少人爱你青春欢畅的时辰，

爱慕你的美丽，假意或真心，

只有一个人爱你那朝圣者的灵魂，

爱你衰老了的脸上痛苦的皱纹；

垂下头来，在红光闪耀的炉子旁，

凄然地轻轻诉说那爱情的消逝，

在头顶的山上它缓缓踱着步子，

在一群星星中间隐藏着脸庞。

诗是叶芝写给他终生挚爱追求的女友毛德·岗的。有好几种译本，但没有谁比袁可嘉译的更好。与《情人》有异曲同工之妙。

4

倘若承认 80 年代是诗的时代，那么 90 年代该是散文的时代了。但翻开这 10 年间出的散文方面的书，还真没有几本让自己特别喜爱的。而杜拉斯的《物质生活》可以算作一本了。当然，这与王道乾先生的翻译有直接关系。

书只有十一万字，其中的文章短的有一百多字，长的有一万字，随心所欲，即兴而为。有一种曾经沧海难为水的感觉。时光的碎片。过来人的平静。

她有一种神奇的魅力，放在枕边，临睡的时辰，读几页，不俗，不单调，不重复。随随便便，像写给自己的日记，像写给情人的信，像对知己朋友说的知心话。

很独特。贯穿着杜拉斯小说中的风格。很真实。如写一部长篇小说前的笔记。很透彻。像她自己说的，"我不是有所为而写，我也不为女人写。我写女人是为了写我，写那个贯穿在多少世纪中的我自己"。

作家写作，永远离不开她自己。

5

王道乾先生还翻译过一本普鲁斯特的文论集:《驳圣伯夫》，而封面上竟然没有印上译者的名字。编辑大概不明白，许多读者，买外国文学的书是异常看重译者的。

真正的作家，没有一个不是诗人，仅仅是表现的形式不同而已。由此，我想感觉比智力更重要，情商比智商更重要，但归根结底，还要靠智力。

《驳圣伯夫》使我感到冬天过后，所呼吸到的春的气息。有一些诗的句子，像春天萌发的第一片叶子，他说，美妙的音乐又像是一个女人。你能想象出吗？"没有所谓美，只有美丽的女人，美就是幸福发出的邀请，只有美才能使幸福成为现实。"

读了这本书，我就觉得不仅好的作家是诗人，好的翻译家、评论家，同样也是诗人。

6

凡是王道乾先生翻译的书，我是见到就买的。我也希望那些喜爱法国文学的人，多去买他的译本。

离我们这个时代最近的杜拉斯去世了，王道乾也去世了。他的贡献是使我们对兰波、对杜拉斯、对普鲁斯特的认识比对他自己的认识更深、更多、更理性。而对他，我们又知道多少呢？

一个一生坷坷坎坎的人！

一个沉默的通灵者！

一个诗人、翻译家！

齐白石

他 挽 留 住 了 时 光

1

　　中国近现代的画家,没有谁比齐白石更朴素,更勤劳,更接近农民的本色了。

　　他既是最传统的中国画家, 又是最懂得创新变法的中国画家,真正做到了活到老,学到老,画到老。他一生没有离开过中国,他爱这里的一草一木,一山一水,爱大地上的一切生灵,他将自己的情感融人画里,写在了诗里,刻在了印石上……

　　在中国近现代绘画史上,谁比他更勤奋好学?他说:"一天不画画心慌,五天不刻印手痒。"他几乎没有上过什么学,他十二岁的时候,除了在家劳动、砍柴、牧牛之外,还要干打草皮、沤凼子、耕田等农活。他对乡村田园的认识,自然比那些受着"良好"的教育,在城市长大的画家,要深刻得多——对自然和艺术的感悟,有些是与生俱来的。他是中国绘画艺术的集大成者,他对学生胡絜青说,"我的诗第一,印第二,字第三,画第四"。还有一种说法是,"刻印第一,诗词第二,书法第三,画第四"。(于非闇《感念齐白石老师》)其他的说法自然也有,但不论怎么说,他的艺术价值,已是划时代的。这大概也是他生前始料不及的。

　　一个人境界的提升,也是一步一步走出来的。他十五岁的那年,父亲看他体格弱,干不了田里的活,就想让他学一门手艺,以养家糊口。从此,他选择了木匠活,从粗活,到细活,再到画匠,他始终没有忘记读书学习,并努力去接近优秀的文化人。从无到有,从小到大,从低到高,他可谓达到了艺术人生的极限。

　　从湖南湘潭一个普通的农民,到一位家喻户晓的国画大师,他有着怎样的人生阅历,心路历程……

　　2

　　近现代的中国画家,值得人们崇敬的并不是很多。有些画家往往是自我感觉越好,画的水平越弱。

　　齐白石不是这样的,他在不断自我完善,他是值得人们崇敬的。我从很小就知道他的名字,我从很多书里读到过他的名字,我在心里默默地记住了他的名字。我知道自己微不足道,但好的艺术不会拒绝有人走近它,欣赏它。我也曾说过,一个不甘平庸的人,他终生的努力无非就是为了接近一些伟大的心灵。更何况,杰出的艺术品是养眼的、养心的、养人的。这也是我推崇齐白石的缘由。

　　他的朴素感动了我。这些年,每当工作累了,写作累了,我就翻翻他的自述,他的画集,以及有关他的文章。对我是一种心理的凋节,一种放松,一种愉悦。

　　有时,我读他的谈艺录,就仿佛看到一位慈祥和蔼的老人从书里走了出来，缓慢而平易地说，"作画要画得少，而表现繁，是不容易的"。"画中要有静气。""要知天道酬勤。""一息尚存书要读。"

……艺术相通，写作又何尝不是这样呢？他的画，有的在静中体现动态，有的在动中表现静物，有的动静相融，是大自然的造化，是"笔笔相生，笔笔相应"的气息，是"梅花到底不骄人"的境界。正如他的诗，"风前月下清吟"。"苦吟一似寒蛩号。""诗思夜深无厌苦，画名年老不嫌低。"诗、书、画、印，是互补的，是相通的，是各自不可替代的。

画中有诗，诗中有画。《蛙声十里出山泉》，可听出画外音！《独钓图》，真的"高人轻利岂在得"。《柳岸行吟图》，诗意尽在不言中。《荔枝图》，可谓"秀色可餐，垂涎欲滴"。看他的画多了，再看其他人的画，又有多少拙劣的模仿，形似而神不似的败笔。他说，"我绝不画我没见过的东西"。而当代画家，有多少人在画没有见过的东西？又有谁有他那种"知人之智"、"自知之明"？他在55岁时，反省道："凡作画不似前人难事也。余画山水恐似雪个，画花鸟恐似丽堂，画石恐似少白。若似周少白必亚张叔平，余无少白之浑厚，亦无叔平之放纵。"而现在的画，又有多少似白石老人的。没有他那种质朴、勤劳，似也仅仅是表层的似而已？

　　3

物，以类相聚；人，以群相分。如果想全面地了解一个人，那么，既要听其言，观其行，还要看他人的评价。

现当代作家中,有两位真正爱画、懂画的人:一是老舍,二是艾青。前者散文的朴素、舒缓、平静,令人向往;后者诗歌的凝重、深沉、旷达,使人心仪。读他们写齐白石的文章,自然感觉更亲切,更易于唤起内心的共鸣。

从根本上说,作家与画家的心灵是一致的,他们有相近的地方,比如悲天悯人的情怀,求新求变的个性,我行我素的本色。老舍在《假若我有那么一箱子画》中,写出了抗战逃难时,什么都可以放弃,就是齐白石的一张《鸡雏图》不可放弃的心境。他将齐白石的画看得很重。到了他写《白石夫子千古》时,他用了"健康"这样的词去评论齐白石的画,用了"严肃"去评价齐白石画画的态度,用了"向来不随便说别人的作品不好"评价齐白石的为人。

艾青写过一篇《忆白石老人》的怀念文章。艾青自幼喜欢绘画,又在巴黎学绘画专业。他与白石老人的交往便有了缘分。他收藏老人的画:有买的,有送的。艾青有一双慧眼,既善于辨别真假,又善于区别代表作还是一般作品。文中写到齐白石的门生,传说连梅兰芳也跪着磕过头。兵荒马乱的时代,齐白石也有迷信的地方,他相信了算命先生说他"流年不利"的话,为自己加了两岁。他晚年说起,"我有一个朋友,名字叫艾青",这就是诗。

4

世界上是无所谓什么天才的。看看那些有成就的人,那些值得我们敬重的人,哪一位不是在终生努力的?

　　齐白石便是一位终生努力的人。如果一个人还有上进心的话,即使随便翻翻他的年表,也不会不被触动。一个土生土长的穷苦农民,靠着对艺术的热爱,靠着始终不渝的干劲,终成国画大师。读万卷书,行万里路,交明白人。在迁徙中成就自己。他在四十岁以前,活动仅限于湘潭周围,也算得上是一位有名气的地方画家了。他似乎也没什么更高的企求,但郭葆生从西安给他寄的一封长信,竟成为他生命中的一个转折点:"无论作诗作文,或作画刻印,均须于游历中求进境。作画尤应多游历,实地观察,方能得其中之真谛。古人云,得江山之助,即此意也。"

　　他走出去了,才有了"五出五归"的经历,才发现外面的世界,很大很大。又因兵荒马乱,五十五岁那年,定居北京,这对于他的事业发展来说,实在是太重要了。

　　人这一辈子,能不断遇到良师益友,也是一种福气。否则,很可能会有相反的一种结果。多少我们不知道的悲剧,扼杀了多少不知道的天才。他二十七岁那年遇到胡沁园、陈少蕃,拜师,学诗画;五十五岁又遇到陈师曾,受益太大了。陈师曾为他的"借山图"题诗,劝他"画吾自画自合古,何必低首求同群!"而且,五年之后,陈师曾去日本办中国画展,带着他的画去,卖价很好。——上个世纪二十年代,在势利眼遍布的京城,陈师曾对他的常识、提携起到了很关键的作用,他又一次遇到好人了。他在六十五岁时,被聘为北京艺专的教授。他在北京立住了脚,被认可了。

人,如果被人诋毁、嫉妒,那么多半还是因为没有与诽谤者拉开距离。当你一直往前走,走到一定程度,有些人连够都够不到了,还诋毁、嫉妒什么呢?就只剩下议论生活琐事、传播流言蜚语了。

5

对一位艺术家来说,长寿太重要了。创作的时间越长,创造的精神财富就越多。贡献就越大。

齐白石生于1863年,1957年去世。这近一百年中,中国发生过多少事啊!从他的祖父、外祖父教他识字起,他就没有终止过学习。他的绘画创作持续了七八十年。除了生病,他几乎天天都在画画、写字、治印、作诗、读书……他拥有自己一个完整的艺术世界。他像一个辛勤的园丁,种植着自己院子里的花草;像一个朴实的老农,耕耘着自己的田园。他离土地最近,最谙熟大地上生长的一切,他热爱着,寻找着,发现着……,他用画笔挽留住了时光,挽留住了稍纵即逝的美。

平静的生活对他太重要了,贤淑的女人对他太重要了,艺术对他太重要了。英国哲学家罗素说,浪漫的爱情,美满的婚姻,加上艺术,就是幸福。第一点,不好说,但其他两点,他都拥有了。他是幸福的。

他为什么能创作出那么多美好的作品,艺术生命保持得如此漫长?这也与温柔、贤惠的女人有关。她们尊敬他,爱戴他,呵护他。他的画是健康向上的,是有生命力的,是美好的。

他创造了自己的艺术,艺术回报了他;连同他不看重的那些东西,也都有了。画家头上的桂冠,哪一顶不能戴在他的头上?哪一个描述画家荣誉的形容词,不能用在他的身上?

画家田黎明评价他说,"中国文化的气质,中国人生活的精神,他把握得最精到。他不做作,很自然地信手拈来,随处可得,把中国人日常生活中对美好事物的感觉,通过花卉、瓜果、可爱的小动物这些东西表现出来了"。(《生活日记》)的确,他是最中国化的画家,最民族化的画家,最平民化的画家,他是属于世界的。

6

生死两茫茫。生者,想象不出死后的荣辱、苍凉;逝者,也不知道生者的境况。

1957年9月22日上午7时30分,在北京嘉兴寺,为他举行公祭。郭沫若主祭,周恩来总理来了,外国驻中国大使馆的官员来了,各行各业的群众来了……祭毕,移灵西郊湖南公墓安葬。照他生前嘱咐,把刻有自己姓名籍贯的两方石印和使用了快三十年的红漆拐杖等一并入殓。(《齐白石简要年表》)

他是一位极度开明的人。凡事想得开。在他65岁时,就曾在湖南湘潭为自己构筑墓庐一座。而且,还请杨度撰写了墓志铭:"我闻佛说,心如画师。奇哉手腕,自写心思。山人逸致,披图见之。印从心印,亦正亦奇。妙造自然,似非人物。其艺如此,其德可知。"

到了北京,他也想找一片"福地"。在陶然亭,他喜欢那里的自然风光,但看到赛金花葬此,又不想去了。

他留下遗嘱:

我死后,不要在棺材里放贵重东西,搁了好东西,盗墓的会把我的尸骨弄个乱七八糟的。

我的坟你们不要给我用洋灰,要用土堆,要大大的土堆,春天来了,坟堆上长满青草,年年旺盛,显示子孙后代昌荣,免得风吹雨打坟渐小了,没人管啦,成了荒冢。

跨车胡同 15 号房屋,不分给子孙,留作死后移梓南归的费用。

他去世没过十年,"文革"降临了。哪个善良的人能想像到呢?整个齐家的墓被荡平了。碑,被推倒,被砸断……,写着"湘潭齐白石墓"的碑,被拉到北京曙光养猪场做防空洞的盖顶。后来,竟找不到了。

7

疯狂的浩劫过去了。

回顾那个时代,不能不想,谁在造孽?谁在践踏文化遗产?谁在暴殄天物?

一切都太沉重了。十年"文革",十年政治的瘟疫……现在,又何尝没有那个时代留下的余毒!

……不愿去想了。还是多想想美好的人和事,想想艺术吧。想想齐白石的画、诗、印、书,也是一种享受。

自然,对我们这样的普通人来说,收藏他的作品真迹,已是天方夜谭。但翻翻他的画集,看看他的画展,读读他的自述,总还是可以的。

想一想,有什么比艺术更美、更朴素、更公道？艺术给予心灵的滋润,是无穷无尽的。人啊,很多东西可以失去,但别失去了对人生、对艺术的热爱！

黄宾虹
不 期 于 美 而 美 在 其 中

1

画家分三种人：有名大于实的，有名副其实的，有实大于名的。

黄宾虹属于后一种人，他生性淡泊，对名和利看得很轻。他向往艺术之"道"。——画画也罢，著书也罢，讲学也罢，都出于内在的需要。修养到了，功夫到了，"不求气韵而气韵自生，不求成法而法在其中"。

他真正做到了"明于法之中，超乎法之外"，"不期于美而美在其中"。读他的书，如果你还有些浮躁的话，可以从中获得一点沉静；看他的画，如果你还有点自觉的话，可以从中感受一种净化。艺术家写的书，不仅仅属于少数人，更属于大众。看他的画，"山水"中透着清爽，"花鸟"中散发着馨香，有一种雅趣，一种魏晋风度，一种散淡的格调。将他与张大千、齐白石对照着想一想，从中国传统文化中寻根：一边读《道德经》，一边看黄宾虹；一边读《孙子兵法》，一边看张大千；一边读《菜根谭》，一边看齐白石，也许能品味出不同的意韵。

逸品，妙品，神品……

茶道，茶艺，茶经……

黄宾虹与《道德经》："古之善为道者，微妙玄通，深不可识。夫唯不可识,故强为之容:豫兮若冬涉川,犹兮若畏四邻,俨兮其若客,涣兮其若冰将释,敦兮其若朴,旷兮其若谷,混兮其若浊。孰能浊以澄?静之徐清。孰能安以久,动之徐生? 保此道者不欲盈。夫唯不盈,故能蔽而新成。"

张大千与《孙子兵法》:"知己知彼者,百战不殆;不知彼而知己者,一胜一负;不知彼不知己者,每战必殆。"

齐白石与《菜根谭》:"栖守道德者, 寂寞一时……达人观物外之物,思身后之身……"

2

从阅读上说,我们这一代人是幸运的,有很多好书可读。在二十世纪八十年代初,我读到了《傅雷家书》,很感人。二十多年过去了,我还不时地拿出来读几篇,将心比心,就像是写给自己的。傅雷为傅聪开的书目,也曾尽力去寻找。有《毛主席诗词》、关汉卿的《剧作选》、曹禺的《日出》、冯沅君的《中国古典文学小史》、陈老莲的《花鸟草虫册》,还有《黄宾虹墨笔山水册页》……傅雷很看重这些书。也不知为什么,我特别相信傅雷的眼光。

2001 年 9 月 28 日,傅聪在长沙岳麓书院作题为《生命不能承受之重》的演讲, 在说到音乐的造化时, 专门提到当年他父亲推荐的一本书——黄宾虹的《画论》。他父亲说:"《画论》里有很多东西是值得深刻领会的,和音乐是相通的。"黄宾虹说:"师古人,师造化,师古人不如师造化。"又说:"师今人,师造化。"而且,"用庄生化蝶作了一个比喻,说师今人就像是做虫的那个阶段,师古人就好像是变成蛹的那个阶段。师造化就是飞了"。学习艺术的三个阶段,这形象的比喻真是妙不可言。

恰巧,我也有一本《黄宾虹画语》,是由黄宾虹的学生王伯敏辑录的。书分为四部分:一、画理;二、画史;三、画法;四、杂论。还附录了王伯敏先生写的《卓越的山水画家黄宾虹》一文。《画语》中说:"画有三:一、绝似物象者,此欺世盗名之画;二、绝不似物象

者,往往托名写意,亦欺世盗名之画;三、惟绝似又绝不似于物象者,此乃真画。"这是欣赏中国画的经验之谈。"对景作画,要懂得'舍'字。追写物状,要懂得,'取'字。'舍取'不由人,'舍取可由人',懂得此理,方可染翰挥毫。"其他事情,也无不同理。

他又说:"画山水要有神韵,画花鸟要有情趣,画人物要有情又有神。"对人物画,他认为最重要的有三点:"一要有神气,二要有分别,三要能化。"写文章何尝不需要这三点。所谓化,也即石涛说的"有法必有化"的"化",变化的"化"。

3

人在生活中,是需要有知音的。

知音难觅。傅雷和黄宾虹,可谓是知音了。在《傅雷文集》中,有一本艺术卷。在美术篇中,谈论最多的就是黄宾虹。他推崇黄宾虹,他希望有更多的人欣赏黄宾虹。

在《观画答客问》中,他已经不仅仅是在诠释黄宾虹的画了。他说,

"观画固远可，近亦可。视君意趣若何耳。远以瞰全局，辨气韵，玩神味；近以察细节，求笔墨。远以欣赏，近以研究。""览宇宙之宝藏，穷天地之常理，窥自然之和谐，悟万物之生机；饱游沃看，

冥思遐想，穷年累月，胸中自具神奇，造化自为我有。"又引昔人言："看画如看美人。其风神骨相，有在肌体之外者。今人看古迹，必先求形似，次及传染，次及事实；殊非赏鉴之法。"

不分古今，贵在活学活用。

傅雷对黄宾虹是尽心尽力了。为纪念黄宾虹诞辰 100 周年，他给华东局写了一份意见书，建议编印画册，并提出具体办法，黄宾虹先生若地下有知，也一定甚感欣慰了。同年，他又写了《宾虹书简》前言。对黄宾虹的人格，尤为敬重："生活淡泊，不骛名利，鬻画从不斤斤于润例；待人谦和……，凡此种种，既为先生故旧所共知共仰，于书信中亦复斑斑可考。"

绘画像写诗一样，多半也是为了抒情。有了技法，情深画也深，情浅画也浅；境界高则画必高，境界低则画必低。

"劲处：力透纸背，刻入缣素；柔媚处：一波三折，娜娜多致；纵逸处：龙腾虎卧，风趋电疾。唯其用笔脱去甜俗，重在骨气，故骤视不悦人耳目。"画也像书，有可看与耐看之别。凡经典，必耐看。

4

我很喜欢读艺术家写的散文，他们有一种特殊的情调。

有一本《画廊文心》的书,精选了部分艺术家的笔记。其中,就有黄宾虹的一篇《学与行》。

已读过很多遍了。与读王国维的《人间词话》,有相同的感觉,都唤起了内心的共鸣。

古人为圣为贤,成仙成佛,其先习苦,莫不有忧勤惕励之思。及其道成,又得其掉臂游行之乐。

许多事情做不好,皆因品质不行,学力不足,努力不够。"人非生知,皆宜有学。"他说,学画要做到"多读书,广闻见,有胸襟,勤习苦"。这四点,对做其他的事也都有益。"市井江湖画不可学。"他又说,"古云善恶皆可为师,择善而从,其不善者,可以为戒,皆我师也。大醇小疵,贤者不免。又云一字皆师,师友之益,大有关系"。

读他的书,可以找到自己的差距,知道自己的不足,时时反省,该走哪一条路,该如何设计自己的未来。

一个热爱文化的人,究竟能做什么,不能做什么?

5

有内在和外在双重的需要,就容易坚持住了。想写的时候就写,想画的时候就画。写和画的时候,常常是幸福的时候。——这是人生美好的寄托。

一个文化人，对艺术付出越大，艺术给予他的报答就越多。

虚静致远，他常常以此自励；专心致志，他不断以此自勉。

对名利，他看透了。他说："画者未得名与不获利，非画之咎，而急于求名与利，实画之害。非惟求名利为画者之害，而既得名与利，其为害于画者尤甚。"不同的时代，为艺者的经历是相同的。他的《古画微》，旁征博引，自抒己见。《易》曰："穷则变，变则通，通

则久。"先儒言："天不变，道亦不变。变者人事。"他对艺术的理解："画称艺术，艺本树艺，术是道路，道形而上，艺成而下。画之创造，古人经过之路，学者当知有以采择之，务研究其精神，不徒师法其面貌，以自成家，要有内心之微妙。"大画家和一般画家的差别往往就在细微处，就差那么一点点，后者可能终生都追不上。境界不如，感觉不行，技法不到位。

书画同源，探本金石，取法乎上，立道之中，循平实而进虚灵，遵准绳以臻超轶，学古而不泥古，神似而非形似，以其积之有素，故能处之裕如焉。

他的《国画理论讲义》，不仅对于书画家有益，就是对于学其他专业的人也有益。他谈精神：人生事业，出于精神，先于立志，务争上流。学乎其上，得乎其次。学以为己，非以为人。立志为学，务底于成，量力而行，不为废弃，方可不负一生事业——文章结构分为："绪言、本源、精神、品格、学识、立志、练习、涵养、成就"九章。

6

凡有成就的人，均有可学之处。但有的人可学之处多，有的人可学之处少。比如同样是国画大师，溥心畬、张大千可学之处少；齐白石、黄宾虹可学之处多。前者有些与生俱来的东西，不易学；后者勤奋努力地耕耘，值得学。又如出身、天赋，不易比；而敬业、刻苦，可以比；前者是早慧的天才，后者是终生努力，大器晚成的天才。

黄宾虹论品格："以画传名，重在人品。古今技能优异，称誉当时者，代不乏人，而姓氏无闻，不必传于后世。以其一技之外，别无所长，庸史之多，不为世重，如朝市江湖之辈，水墨丹青，非不悦俗；而鉴赏精确者，恒唾弃之。"

他写《水墨与黄金》，论及"惟古之画者，自重其画，不妄予人，故价愈高，而世亦宝，非若近今画家，艺成而后，急于名利，恒多为大商巨贾目为投机之用。甘为人役，非求知音，虽致多金，奚足重焉！"

在《山水画与道德经》中，他说道："昔文论作画曰读万卷书，蒙见以为画者读书宜莫先于《老子》。盖《道德经》为首，有合于画旨，《老子》为治世之书，而画亦非徒隐逸之事也。"读他的书，要融会贯通，能化得开，能悟出门道。

学艺之道。为人之道，养生之道，道法自然。能拿得起，又能放得下，能取古今中外艺术之精华，为我所用。"师其所长，而遗其所短，在精神不在面貌。"

7

一个人真正能活到老,学到老,做到老。生命就是一首史诗了。

黄宾虹的一生可以划分为两个阶段:前半生,热衷于外在的事物;后半生,热心于内在的艺术。

到九十岁了,他还为自己写了《宾虹画学日课节目》:一、广搜图籍。二、考证器物。三、师友渊源。四、自修加密。五、游览写实。六、山水杂著,纪录备忘。他把学习当成一种乐趣。精神不老,青春不老,艺术不老。

1955年3月,就在他逝世的前一天下午,还对王伯敏说道:"有谁催我,三更灯火五更鸡。"

张大千

造 化 始 终 没 有 离 开 过 他

1

相信世界上是有造化存在的。杜甫说，造化钟神秀，是指泰山。当天时、地利、人和集于一身时，对那个人来说，也就是一种造化了。

了解张大千，不能不谈造化。绘画、鉴赏、收藏，他是集大成者；名啊、利啊、玩啊，他是该得到的都得到了，不该得到的也都得到了。造化始终没有离开过他。

描述张大千，可以多用"大"字。他很看重这一个字。他说，画有三美：大、亮、曲。

所谓"大"者，指的不光是画的尺寸和篇幅大，而是角度要大，要开阔。就是一张小画，也要能从中见大，虽有小景而大气势、大寄托；"亮"，便是醒目，震撼；"曲"，便是余音、回味。

他名字中有"大"。他写过《大风堂书画录序》、《大风堂名迹序》……他喜欢"大"字。

他的一篇杂文：《略谈"大方"》，很有意味。大方是清末民初的一个文人，风流倜傥，放荡不羁，穷困潦倒，和张大千是挚友，曾为张大千写过两幅对联，把"大千"两字融入其中，不留凿痕。其一：

世界山河两大

平原道路几千

张大千很欣赏这位叫大方的人，常送他画，接济他，他写的另一幅对联为：

八大到今真不死

半千而后有何人

被这位风流文人赞赏，张大千很欣慰，也就有了自我欣赏的意味了。

张大千大事精明，小事也不糊涂。直到 1972 年，他在《四十年回顾展自序》中，还没有忘了徐悲鸿当年随口说的一句话："张大千，五百年来第一人也。"这口气不可谓不大了。

2

艺术家往往都是一些易于感情用事的人。他们说的话，难免有过激之处。况且，对于人和事来说，横向的可比性大，纵向的可比性就小了。

徐悲鸿对张大千的评价，说明了一段时间内，他们之间在艺术追求上的共鸣。

徐悲鸿是一位爱才的人,他对张大千有一种偏爱。他对美术家的论述,也多知人论世之言。徐悲鸿看张大千画里画外,说过这样两段评语:

不止发冬心(金农)之发,而髯新罗(华岩)之髯;其登罗浮,早流苦瓜(石涛)之汗,入莲塘,尽剜朱耷(八大)之心。

往还多美人名士,居前广蓄瑶草琪花,珍禽异兽,盖以三代,两汉、魏、晋、隋、唐、两宋、元、明之奇,大千沉浮其中,放浪形骸,纵情挥霍,不尽世俗所谓金钱而已,虽其天才与其健康亦挥霍之。

换一个角度,再去看徐悲鸿曾说过的那句话"五百年来第一人",不仅仅是指绘画,也还指吃、喝、玩、乐吧……张大千是最典型的性情中人。

徐悲鸿在短文《造化为师》中,先谈齐白石,后说张大千,似乎对齐白石更加厚爱。而"张大千先生之山水,不愧元明高手,惜有一事,乃彼蜀人,而未以蜀产之大叶榕树入画,因蜀中自古少山水大家,粤湘亦少,因画中未见此树,而此树实是伟观,非止其功荫庇劳人而已"。

其实,张大千也早就意识到徐悲鸿的那句话,说的太重了。"五百年来第一人,毋太过,过则近于谑矣。"一方面,张大千很在乎那句话;另一方面,又不能不自省,说几句谦虚的话。

3

张大千的名字,取自《长阿舍经》所说"三千大千世界"之义。——大千世界,芸芸众生;锲而不舍,精诚专一。

他年轻的时候,曾三上黄山。他常说:"画家当以造化为师。"依照《石涛画语录》所说,"搜尽奇峰打草稿也","山川与予神遇而迹化也"。他成名早,是真正做到三十而立了。

他中年曾三去敦煌,投荒面壁近三年,有人说他保存了敦煌的文物古迹,也有人说他对于壁画有所污损。他大概是冤枉的。像他那样的名人,一件事情考虑不周,就有可能被人诋毁。他曾经感喟道,"一句恶语不仅能败坏一个人的名誉,甚至能把一个人置于死地啊!"

他深信,"七分人事三分天"。一个从事艺术的人,即使天赋再高,如果没有后天的努力,也不会有什么作为的。他说过,"画家必须读万卷书,行万里路,此外还要结识师友,集思广益,这三者都不能缺少"。

一个人成就的大小,与他胸怀的大小,是有直接关系的。有什么样的境界,也就有可能画出什么样的境界来。

一位美术评论家说,张大千一生画风有"三变":

一、30岁以前,"以古为师",求其"清新俊逸";

二、"以自然为师",50岁左右进而"瑰丽雄伟";

三、"以心为师",60岁以后饱经沧桑,学养已深,人画亦老,达到"苍浑渊穆"的意境。

在国画界,不论是"南张(大千)北溥(心)",还是"南张(大千)北齐(白石)"的说法,都有张大千。

他也曾谦让过,"北方首推溥心畬,南方首推吴湖帆,这两位年事和艺术都比我高,我怎能与他们相比呢?"

4

张大千不仅画得好,在做人上,也极其高明,有心机。他知道,"尺有所短,寸有所长"的道理,艺术家之间的比较,总有勉强的地方。所谓的明白人,就是那些善于扬长避短的人。

他的心性很高。作家高阳看他看得很准:"大千先生是个非常好胜争名的人,但要好胜而不树敌,争名而不见妒,就非有一套过人之术不可。"(《梅丘生死摩耶梦》)

经历是一种财富,他注定了是一个能大能小,能伸能缩,能真能假,能聚能花的人;他既能吃常人吃不了的苦,也能享众人享不了的乐。他外圆内方的性格,世事练达的学问,明能见机的为人,使他足以在任何时代,任何环境中,都能找到自己的感觉,不为世俗所累,活得自由自在。

他的经历极富传奇色彩。命该如此。他一生中有两个最难忘的一百天。了解了他早年的遭遇,也就容易了解他的艺术,他为人处事的方式。

17岁时,正是兵荒马乱的年代,他被土匪绑票,做了一百天的"土匪",因为字写得好,当了师爷。被迫跟着去抢劫,其他人抢钱和物,他抢了书和画:一部《诗学涵英》,四幅《百忍图》。和土匪打交道,他懂得了什么是邪恶。他死里逃生的感受,自然比一般人深刻。

21 岁时,他因表姐,也是末婚妻的夭折,而削发当了和尚,又是一百天。他对佛学感兴趣,但终究受不了孤苦凄清的生活境遇。他想过不结婚,但血气方刚,不可能不结婚。而且,在这之后,他和太多女人有缘了。

世居上海,出于名门望族的女画家李秋君,是他的红颜知己。为了与他的情缘,一生未嫁。对他情深意切、善解人意的女人,是最可爱的女人。李秋君便是这样一位难得的女人。她知道他那时有三位太太,既然生不能同衾,便相约死后邻穴而葬,并相互写了墓碑。他还专门请陈巨来先生刻了一章:"百岁千秋"。

5

也不知从什么时候开始,就隐隐地有一种意识:张大千和毕加索,有某些相似。东方和西方,不论是生活态度,还是艺术造诣,形式上,也许有很大的差异;实质上,他们有很多相近的地方。他们知道该如何生活,如何创造,如何享受天赐的乐趣。他们在发现美的过程中,也尽情地享有了美。应该说,这个世界上美好的一切,他们该拥有的都拥有了。

毕加索生于 1881 年,张大千生于 1899 年;毕加索 1973 年去世,张大千 1983 年去世。他们之间,曾经有过一面之交。

1956 年,张大千在巴黎举办画展。他想尽办法,终于见到了毕加索。而且,合了张影。

毕加索对他说:"这个世界上谈到艺术,第一是你们中国人有艺术,其次是日本的艺术,当然,日本的艺术又是源自你们中国,第三是非洲的黑种人有艺术……"(谢家孝《张大千的世界》)

张大千写过一篇短文《答沈苇窗先生》:

苇窗兄:昨于电话中承询毕加索种种,弟与之无深交,已就所知简告。弟以此公有两点:一玩世不恭,二神经不正常,所以造成那不为世俗所拘的画派。至于我国道家思想,得其环中,超以象外,似又不同。弟不敢作评论,有待于艺术批评专家也。

张大千对毕加索,似乎没有多少好印象。否则,不会说出那么尖刻的话。两个都习惯了以自我为中心的人,也很难相容,恃才傲物,个性越相近,就越不以为然。

他有一方印:"游戏人生。"还写过一副对联:"百年诗酒风流客,一个乾坤浪荡人。"是张大千的自我写照吧?

6

游戏没什么不好,风流也没什么不好,就看你是什么人了。游戏的方式,风流的性情,也是有品味区别的。

在谢稚柳的眼里,张大千"奇气横溢的才调,令人难忘"。他精力过人,"集众长于一手","风貌卓然自立"。(《张大千的艺术》)

他相信造化,也不时地说到造化。古人说,"笔补造化天无功。"他说:"造化在我手里,不为万物所驱使;这里缺少一个山峰,便加上一个山峰,那里该删去一堆乱石,就删去一堆乱石,山中有个神仙境界就可以画出一个神仙境界。"(《画说》)他师古人,学石涛,足以乱真;他师造化,临山水,足以感人。他的豪气、率真、才情,也很少有人能望其项背,出其左右。

读有关他的书多了,看他的画集时间久了,对他的认识也就相对深一点了。他不论走到哪里,都依然是一个非常传统的中国文人,画的是中国画,说的是四川话。

余以为吾国绘事之难也,非仅形之似物之状写而已。其状物也,必先究用笔,而后究结构,而后究机趣,终以究其神为归焉。

他写的《故宫名画读后记》,对传统的把握,异常精确。重在"用心之专,致力之勤,体物之精","不知古人甘苦所在,无由识其真"。不知道他的甘苦,也很难认识他的画,他的真。

以美为育,可以修身养性;以美为镜,可以洁身自好;以美为文,可以抒怀明志。

7

张大千是个有情有义的人。他写的诗文,他画的山水、人物、花鸟,都含有浓郁的感情色彩。没有真性情,写不出那样的文字,画不出那样的画。

他年龄越大,思乡之情越浓。人如果没有漂泊在外的经历,感触大概也不会那么深罢。

艺术离不开一个真字。多年以前,他对人生和艺术,便悟出了一种真知:

"衣当重彩,食要美味,画也复如此。最要紧的不在技巧,而在气味如何。趋利诏媚者,太俗气;草率急就者,太浮气;因袭相陈者,太匠气。"(《画有三美:大、亮、曲》)

对照自己,该如何修正?

从台静农写的《伤逝》看,他到了晚年,是心有余而力不足了。想当年,不暇构思,著墨成趣,一气画了近二十幅画,赠予朋友。那一切都如过眼烟云。

他的堂弟张目寒去世,他哀痛不已。题挽联:

春草池塘,生生世世为兄弟;
连床灯火,风风雨雨隔人天。

他还想了却一桩心愿,画一幅巨幅《庐山图》。

他累倒了。

在医院里,他想把新出的《张大千书画集》赠给内地的朋友——李可染、李苦禅、何海霞……。

他认真地题字,他的夫人徐雯波劝他歇一歇,他说:"此时不写,以后再无机会了。"

聂耳

永 远 年 轻 的 民 族 歌 手

1

比我年龄大的人，有很多知道他的名字，知道他的作品；比我年龄小的人，相对来说，知道他的人，知道他的经历的都少了。

时代在进步，新思潮、新观念、新事物，层出不穷。寻根和怀旧，既可能是一种保守，也可能是一种向往，我们需要有一种参照，有一种继承，也是为了发展和弘扬民族文化。

在这样的背景下，在没有多少素材的情况下，在 10 月的一个下午，我想到了聂耳，想以自己的微薄之力为他做点什么，为他写点什么。

他的歌曲让人振奋，让人聆听到大众的呼声，让人体会出一种平民情怀。想起他的名字，便想到了"民族音乐之魂"，就像想起文学，便想到鲁迅；想起诗歌，便想到艾青；想起美术，便想到徐悲鸿……

还是在很小的时候，就知道了他。他的名字好记，他的《义勇军进行曲》是国歌。田汉作词，他谱曲；词被改过一次，后来又恢复了；他的曲子，那高昂的斗志，壮烈的情怀，英雄的气魄，深入人心。他去世的那一年，才只有 23 岁，对一个音乐家，对民族音乐，损失都是惨重的。

一位天才，一位几乎是无师自通的音乐天才，靠着自学，靠着悟性,靠着个人的努力,实现了自我价值。

他永远是那么年轻,那么充满青春的朝气和活力,那么有才华。

2

已经没有年龄的界限了。如果他还活着,也才刚满一百。很难想像他会经历什么,会遇到什么坎坷,会创作出什么……

他祖籍是云南玉溪,出生在昆明。他父亲是中医,他曾在昆明第一师范学习英语和钢琴、小提琴,后失学,早早地谋生,自己养活自己,当过兵,做过学徒,艰难的生活磨练了他的意志,也使他体验到了底层大众生活的甘苦,在那个动荡不安的大时代,他选择了革命,革命选择了他;他接近进步的力量,进步的力量接纳了他。

从一份年表,大致可以看出那几年他的人生简历:

1928年,他16岁,加入共青团;

1931年,他考入上海月明歌舞社,成为一名小提琴手;

1932年,他参加左翼戏剧家联盟、音乐家联盟;

1933年,他21岁,加入共产党;

1935年,根据组织需要,他避难去日本,不幸在日本遇难。

人的一生就这么简单,但他却创作出了不朽的杰作。除了《义勇军进行曲》,还有《卖报歌》等。

一位23岁的青年竟创作出如此成熟的乐曲。不可思议,对大多数这个年龄的人来说,还处于懵懂状态。也只有生逢大时代,才有可能造就像他那样的人。时代需要英雄的时候，就有了英雄；时代需要天才的时候，天才也就出现了。

3

也许是个人欣赏口味的原因，现代文学史上的作家，从日本留学回来的比从欧美留学回来的更易于感动我，像鲁迅、李叔同、郁达夫、郭沫若、丰子恺、田汉……他们多血性，多柔情，多为壮怀激烈之士，侠胆义肠之人。

田汉比聂耳大 14 岁，他的词，聂耳的曲；《义勇军进行曲》，伟大的国歌，当唱起来的时候，多少人前赴后继，多少人英勇牺牲，多少人慷慨就义……

有一位叫青青的作家，写了一篇短文《三个抄写员》，写到国学大师黎锦熙(1890 — 1978)。民国初十年，他在长沙办报，有三个人帮他誊写过文稿。

第一个人，对的错的都一起抄上；

第二个人，对的抄好，错的改过来，很认真仔细；

第三个人，以自己的意志为转移，觉得对的就抄，觉得不对的就不抄。

结果，第一个人默默无闻，不知后来干什么了，第二个人就是田汉，第三个人是毛泽东。

没有创造就没有作为，没有主见就没有价值，没有思想就没有意义。这是读这篇文章时想到的。

田汉和聂耳，他们合作的时光太短了。他们之间真可谓天作之合。国歌的意义超过了他们其它全部的词曲。

4

由聂耳而转向田汉。他的一生充满了悲剧色彩。

看看他的简历，看看他的创作，他的生与死。从灵到肉，他的敌人，他的对手，都无法打倒他，而他的"战友"，他的"同志"，最终消灭了他。

1912 年，他 14 岁，考入长沙师范学校；

1916 年，毕业后，赴日本留学，先报海军专业，后改学教育，酷爱文学、戏剧和电影。

1921 年，与郭沫若、郁达夫发起组织"创造社"。

1922 年，回国后，在上海中华书局当编辑。

1927 年，主持上海艺术大学文科，先后创作了《名优之死》、《到民间去》等剧本。

1930 年，参加左翼联盟。

1932 年，加人中国共产党。

他创作中最辉煌，最有激情的时期到来了，在最动荡的年代，在三四十年代，是他创作生活的高峰。

解放后，五六十年代，他既写出了佳作《关汉卿》、《文成公主》，也写了《十三陵水库畅想曲》等浮夸之作。他渐渐地身不由己。他人生悲剧的序幕拉开了。

1963 年,冷遇、侮辱、歧视。

1964 年,批判、攻击、打倒。

1965 年,下放、劳动、改造。

1966 年,被捕、监禁、折磨。

1967 年,疾病、痛苦、绝望。

1968 年,孤独、凄凉、死亡。

他在遗言中这样写道:

"我家里还有个老妈妈,做梦都想到她。你们让我死以前回去看她一眼吧。"

没有。

"让我写作吧!写作是我最大的愉快和幸福。我老了,剩下的时间不多了。……我有满腔满腹的诗剧稿子要写出来呀!"

也没有。

5

命运主宰着一切。聂耳的一生像烈火一样,发出光和热,然后,迅速熄灭。

他的耳朵，据说特别大，朋友们喊他"耳朵先生"。他的耳朵，传说特别灵，他原来的名字叫聂守信，字子义，号紫艺。他后来改成了聂耳。他有"四个耳朵"，他的听力好，听觉好……名字包含的意思很多。鲁迅之于周树人，田汉之于田寿昌，聂耳之于聂守信，艾青之于蒋海澄……

三十年代是一个大时代，从鲁迅的杂文中，看得到民族的脊梁；从田汉的词中，读得到人民的觉醒；从聂耳的曲中，听得出大众的心声；从艾青的诗中，感受得到生命的激情……"起来不愿做奴隶的人们……"(田汉《义勇军进行曲》)

> 黎明没有到来，
>
> 那惊醒他的
>
> 是他自己对于黎明的
>
> 过于殷切的想望
>
> (艾青《吹号者》)

从1932年，到1936年，艾青选了其间写的9首诗，自费出版《大堰河》。而是现代文学复兴的年代，民族救亡，民族振兴，像艾青1938年在《向太阳》中写到的：

> 这时候

我对我所看见所听见

感到了从未有过的宽怀与热爱

我甚至想在这光明的际会中死去……

6

艺术是有倾向性的,你倾向谁,谁就可能倾向你;你热爱和同情谁,谁就可能以同样的方式对待你。

聂耳在《铁蹄下的歌女》中,表达出那种悲天悯人的情怀,那其中融入了自己的感情,自己的悲伤:

为了饥寒交迫,我们到处哀歌,尝尽了人生的滋味,舞女是永远的漂流。

《打长江》、《码头工人歌》、《大路歌》,是为底层的平民,为生存挣扎的工人而写的,1930 年,他在日记中写道:"今后……不再作个人的呻吟或以个人的革命性的表现性去影响群众","我现在艺术运动的主要任务是要大众化"。

他是激进的。"每个人被迫着发出最后的吼声。"(《义勇军进行曲》)"我们是开路的先锋。"(《开路先锋》)"向着自由的路前进。"(《前进歌》)他的曲调定格在这样的语境中。

除了高昂、激奋的歌曲之外,还有柔情的一面,像抒情歌曲《梅娘

曲》:"哥哥,你别忘了我呀,我是你亲爱的梅娘。但是你已经不认得我
了,你的可怜的梅娘! "

还有他的《卖报歌》,抒发了一种情感,"啦啦啦,啦啦啦,我是卖报
的小行家。"苦中有乐。

他曾在《中国歌舞短论》中说,"你不听见在这地球上,有着无穷的
一群人在你周围呐喊、狂呼,你要向那群众深入,在这里面,你将有新
鲜的材料,创造出新鲜的艺术。喂,努力! 那条才是时代的大路! "

他那时候才多大啊,就有了那么深刻、成熟的思想和创作。三十年
代的不幸反过来成就了诗人、艺术家。

7

每一天都可能是一个好日子,也可能是一个不幸的日子;每一刻
都可能有一个好心情,也可能有一种坏心情。

1935 年 7 月 17 日,天气从没有那么好过,在东京神田区海滨,他
和朝鲜人李祥、日本人滨田小姐,还有 9 岁的男孩厚一去游泳,他是去
听"大海的歌唱"吧,就再也没有回来,第二天,潮退了,他的遗体漂了
上来⋯⋯

他是被海水淹死的,也有人怀疑他是被日本人害死的。没有证据,
已经说不清了。

骨灰后来被运回国,安葬在昆明西山上。

1998 年 5 月 7 日,我到过昆明,并去了西山,在郁郁葱葱的树林

里,在聂耳那钢琴形的墓前,照了一张像,很忧郁,很伤感,很无奈……

他才只有 23 岁,他一生才刚刚开始,他曾设想在日本住一年,有四个"三月计划",学日语和俄语,提高音乐修养,多结识日本进步友人。刚过了第一个三月。就像他的生命,正值春天,才迎来了夏天,还没有等到秋天……生命便终止了。

附录

一 字 妙 评

　　忙也读书,闲也读书。能自由与平静地读书,是幸福的。

　　时值礼拜日,上午翻书,下午翻书。翻到微妙处,也就耐不住寂寞,想写点什么了。

　　鲁迅与王国维的书,是常读的。鲁迅生于1881年,属蛇;王国维生于1877年,属牛;鲁迅1936年病逝,活了55岁;王国维1927年弃世,活了50岁。

　　读他们的书,不时看到神来之笔,学问到了那种境界,已是出神入化了。

　　1934年冬天的一个下午, 郁达夫和刘大杰去看鲁迅。刘大杰问:"杜甫同李白、陶潜的比较看法如何?"鲁迅回答:"我总觉得陶渊明站得稍稍远一点,李白站得稍稍高一点。这也是时代使然。杜甫似乎不是古人,就好像今天还活在我们堆里似的。"一个"远"字,一个"高"字,还有一个隐含着的"近"字,再读他们的诗,会不会有同感……

　　读书读到无用时,也能体验到一种愉悦,一种别样的心情。

　　"东坡之词旷,稼轩之词豪。"(王国维《人间词话》之四四则)。一个"旷"字,一个"豪"字,在细微处,看到苏东坡与辛弃疾之间的区别。性格决定命运,性格决定文笔,性格决定了什么样的人写什么样的诗词。

"四言敝而有楚辞,楚辞敝而有五言,五言敝而有七言,古诗敝而有律绝,律绝敝而有词。"(《人间词话》之五四则)。一个"敝"字,简短几句话,高度浓缩了古代诗歌史上的变迁。以此类推,古诗词敝而有白话诗。什么东西都有定数,诗歌当随时代。

老瓶装老酒,新瓶装老酒;老瓶装新酒,新瓶装新酒……善饮者自知。

套一位名女人的话说,"剖析别人难,剖析自己更难"。

写他人的时候,白纸黑字,自觉不自觉地呈现出了写作者的心态,是仰视,还是俯视,抑或平视……还有侧视、蔑视、鄙视、歧视……视角各有不同,文字也就千差万别。

读鲁迅晚年写的杂文,喜笑怒骂皆成文章,读到会心处,或沉默,或暗自窃喜。

1934年,鲁迅写了《忆刘半农君》,顺手牵羊地写到陈独秀和胡适:"假如将韬略比作一间仓库罢,独秀先生的是外面竖一面大旗,大书道:'内皆武器,来者小心!'但那门却开着的,里面有几枝枪,几把刀,一目了然,用不着提防。适之先生的是紧紧地关着门,门上粘一张小纸条道:'内无武器,请勿疑虑。'这自然可以是真的,但有些人——至少是我这样的人——有时总不免要侧着头想一想。半农却是令人不觉其有'武库'的一个人,所以我佩服陈胡,却亲近半农。"

画龙点睛,一个"竖"字,加上大书和开着的门,陈独秀爽直的性格跃然纸上;一个"粘"字,一张小纸条,还有紧紧关着的门,胡适的城府可见一斑。同时,也用一个"浅"字来写刘半农,却是浅得可爱。在写到自己时，一个侧着头想一想的"侧"，也似乎能感到鲁迅的那种"坚硬"的表情，还能想象到审视与怀疑的目光。

文章不在长短，文品自有高下。

还记得在哪里读过鲁迅曾以一个"昏"字，评价周作人——知人论事之言，料事如神之笔。

一杯清茶，平心静气，读几篇美文，读到佳处，顿觉心旷神怡，妙不可言。

附录
怦 然 心 动 的 时 刻

1

为了什么事情,眼前一亮的时刻;为了什么样的人,怦然心动的时刻;为了哪一个细节,常常默默地回想……

已形成一种习惯了。

当无聊的时候,就去读书;当有点感觉的时候,就去写作。日积月累,也就多少有点属于自己的东西了。还想把这些馈赠给朋友,赠给像自己年轻时一样爱好文学的读者。

这些时光的碎片,这些零星的记忆,这些影响自己的书……

2

一个过惯了平庸生活的人,有时还会被英雄的字眼所打动。

喜欢看点杂书,且杂书不杂,有纯粹的情结。自言自语着一句话:英雄被瓦片击中。

英雄是传奇式的人物。阿喀琉斯的后裔,英雄皮洛士,一生南征北战,出生入死,最终没有死于强敌的刀剑,却在攻占一座城池时,被一位老妇人从屋顶上投掷的瓦片击中头颅,死于非命。时在公元前 272 年,他只有 40 岁。

刀剑易守,瓦片难防。

我提到的杂书,叫《100 名画:古希腊罗马历史》。短文是从普桑的一幅油画引申而来的。

3

英雄是一个既复杂又单纯的词。相对于战场上的英雄,我更敬重那些文化意义上的英雄。

公元 814 年,罗马帝国皇帝查理大帝去世。1814 年,拿破仑去世,一千年后的几乎同一时刻。他们能算得上是英雄吗?

贝多芬的《英雄交响曲》是因拿破仑而写的,但贝多芬最终否定了是写给他的。在贝多芬的眼里拿破仑已是独裁者。鲁迅写《拿破仑与隋拿》。在鲁迅看来,杀人者不是英雄,救人者才是。

拿破仑是大灾星。隋那是谁?汉语通译为琴纳,英国医学家,牛痘接种的创始者。

英雄是拯救者,不是征服者;英雄是创造者和建设者,不是毁灭者和破坏者;英雄是仁义之人,不是暴力之人;英雄是维护和平的人,守候美好的人……

4

一部好看的诗歌史，也必定是一部诗人的英雄史。诗人将美推向一种极致。

英雄是一种精神，一种气节，一种出污泥而不染的风格。

屈原是英雄诗人的开始，向死而生……爱国是一个永恒的主题。唐代是英雄诗人辈出的时代。毛泽东欣赏的"三李"：李白、李贺、李商隐。是强力诗人，也是英雄诗人。

玉楼赴召，悟透生死。李商隐在《李贺小传》中说："长吉将死时，忽见一绯衣人，驾赤虬，持一版，书若太古篆或霹雳石文者，云：'当召长吉。'长吉了不能读，欻下榻叩头言：'阿母老且病，贺不愿去。'绯衣人笑曰：'帝成白玉楼，立召君为记，天上差乐不苦也。'长吉独泣，边人尽见之。少之，长吉气绝。"

幻觉也罢，梦想也罢，诗人是通灵的。"雄鸡一唱天下白。"

宋代有"醉里挑灯看剑"的辛弃疾，之后又有慷慨赴死的文天祥……有英雄情结的诗人，还有很多。

近现代有"我劝天公重抖擞，不拘一格降人才"的龚自珍，有做了"最后讲演"的闻一多。

5

我还会想起上个世纪八十年代初，在张店的南郊，在废弃的厂房边,在一个人的春天,默默地诵读英国诗人拜伦和雪莱的诗歌的情景,在懵懂地憧憬着什么……

以后,希望是在以后的。现在就是那时候的以后。前方,也就是现在前面的一个地方。并不遥远。

浪漫主义的大师,都是后生追认的。拜伦只活了 36 岁,雪莱仅活了 30 岁。他们在世的时候,除了诗歌和爱情,对自由的向往,还有什么?

拜伦——"爱情会因为绝望而更神圣。"英勇的斗士,为希腊的民族解放而舍弃优越的生活。他写到的她是谁?《她走在美的光彩中》:"她的头脑安于世间的一切,她的心充溢着真纯的爱情!"

雪莱,比拜伦小 4 岁,却早两年去世的诗人。他的传记,他的爱情经历,他的《西风颂》和《给云雀》,记忆是深刻的。他说:"给我一只金笔吧,让我靠守一树花,在明媚的飘渺的境域。"穆旦的译文优美,你听:

好像是一个诗人居于

思想的明光中,

他昂首而歌,使人世

由冷漠而至感动,

感于他所唱的希望、忧惧和赞颂

我曾经固执地以为诗人要有诗人的样子。你看那种英俊,那种从骨子里散发出来的诗人气质,与生俱来。别的不好说,诗人是要以貌取人的。

6

还有两位俄罗斯诗人普希金和莱蒙托夫。如果说对拜伦和雪莱的热爱，犹如对盛夏的热爱，那么对他们就是对严冬的热爱。

玫瑰的盛开与凋谢，雪花的漫舞与飘逝。

普希金，他的名字就是诗歌。有时候，当往事的回忆，穿过漫漫的时空，失去的已失去了，有什么是真正属于自己的？他说："我宁愿自己的作品长生，而舍弃我灵魂的永恒。"他做到了。

当我翻开一本五十多年前出版的《普希金诗选》，我记住了这样的诗句：

他们还适于谈说爱情，

而我们已到了诽谤人的年龄。

普希金死了，死于决斗。只有 38 岁。在悲愤和忧郁中，莱蒙托夫为他写出了诗歌《诗人之死》。四年之后，莱蒙托夫同样死于决斗。年仅 27 岁。生前他在写给女友的一首诗中说："我生来，就是为了要整个的世界，来做我的胜利或者死亡的见证。"

7

不论是默读也罢,也不论是朗诵也罢,诗歌给予的都是美。那种如梦如幻的美,离世俗的生活很远,离青春时光很近。

广漠寒冷的俄罗斯,冰雪覆盖的俄罗斯,充满诗意的俄罗斯……

叶赛宁的诗歌,马雅可夫斯基的诗歌,一边向右,一边向左。他们各自为什么写诗?

叶赛宁的诗歌是更有意味的诗歌。他说:"所有的人都从小时候,就养成独特的性格。"乡村朴素的生活,还有与邓肯的爱情,培养造就出的诗人,本色的诗人。

他说:"我相信,相信,幸福是有的!"他活得并不幸福。他在而立之年,在彼得堡结束了自己的生命。马雅可夫斯基说:"死是容易的,活着却更难。"阶梯诗并不只是向上的。

叶赛宁离世两年以后,舞蹈家邓肯在一次意外中,被自己的红围巾带走了。

这个世界上最美的那些人,是不是给予人的越多,留给自己的越少。

8

诗歌唤醒了什么,改变了什么,拯救了什么?

我有时还会拿出《勃朗宁夫人的抒情十四行诗》,诗歌创造的奇迹,爱情创造的奇迹,一个瘫痪了的人,是什么力量让她重新站起来了。

从她还想到了保尔,想到了张海迪,是意志力,是文学的魅力,改变了人生的轨迹。人是需要有信仰的,如同阳光,如同月光,照富人,也照穷人。

9

人到不了一定的境界,也很难写出有境界的文章;没有一定的阅历,也只能是纸上的功夫,没多少意思的。

"人间事,家中事。"

读木心的随笔,读到他写弘一法师的牵挂,为之怦然心动,再高超的境界,也不会一点俗念没有的。

人和人的差别,在于什么的多和少,高和低,远和近,大与小,厚与薄,深和浅,重与轻……还在于什么?

怦然心动的时刻,我还会想到鲁迅赴杨杏佛追悼会时,放在家里的钥匙;傅雷临终前铺在地板上的毯子,给保姆留下的钱物;还有击倒雷锋的那根电线杆子……